SURPREENDA-SE COM SEU POTENCIAL

SURPREENDA-SE COM SEU POTENCIAL

Como pessoas comuns mobilizam-se para a grandeza

JOHN C. MAXWELL

TRADUZIDO POR

OMAR DE SOUZA

MC
mundocristão
São Paulo

Editora responsável: Silvia Justino
Assistente editorial: Miriam de Assis
Supervisão de produção: Lilian Melo
Revisão: Gustavo Nagel
Capa: Júlio Carvalho

Os textos das referências bíblicas foram extraídos da Nova Versão Internacional (NVI) da Sociedade Bíblica Internacional, salvo indicação específica.

Dados Internacionais de Catalogação na Publicação (CIP)
(Câmara Brasileira do Livro, SP, Brasil)

Maxwell, John C., 1947-

Surpreenda-se com o seu potencial : como as pessoas comuns mobilizam-se para a grandeza / John C. Maxwell; traduzido por Omar de Souza — São Paulo: Mundo Cristão, 2008.

Título original: Be All You Can Be
ISBN 978-85-7325-509-6

1. Sucesso — Aspectos religiosos — Cristianismo 2. Vida Cristã I. Título.

07-9862 CDD-248.4

Índice para catálogo sistemático:
1. Sucesso : Vida Cristã : Cristianismo 248.4
Categoria: Liderança e gestão/motivação

Publicado no Brasil com todos os direitos reservados pela:
Editora Mundo Cristão
Rua Antônio Carlos Tacconi, 79, São Paulo, SP, Brasil, CEP 04810-020
Telefone: (11) 2127-4147
Home page: www.mundocristao.com.br

1ª edição: fevereiro de 2008.

Esta obra é dedicada às centenas de homens e mulheres que fazem parte do INJOY Life Club. Essas pessoas se esforçam para alcançar seu potencial, para a glória de Deus. Minha alegria é cumprir essa jornada ao lado delas!

Sumário

	Agradecimentos	9
	Prefácio	11
	Sim, você é capaz!	13
1.	Dar frutos é motivo de alegria!	17
2.	A fórmula do sucesso	31
3.	O sucesso depende de você	47
4.	Quem tem visão alcança a vitória	61
5.	Quanto maior a dificuldade, maior a conquista	81
6.	Veja, verbalize, tome posse!	103
7.	O princípio dos 101%	117
8.	Resolva os problemas, mas salve os porcos	129
9.	Seu problema não é o seu problema	141
10.	O fracasso não é o fim	159
11.	Sua decisão determina seu destino	173
12.	Não preciso me limitar a sobreviver	187
13.	O segredo é o compromisso	205

Sumário

[illegible]

Agradecimentos

ESTE LIVRO É RESULTADO DAS muitas lições sobre liderança que ministrei à equipe da Igreja Wesleyana Skyline. Essas lições eram gravadas mensalmente e, em seguida, enviadas a milhares de homens e mulheres em várias partes do mundo — pessoas inscritas no INJOY Life Club.

Meus agradecimentos especiais vão para Barbara Babby, que editou este livro, e para Barbara Brumagin, que coordenou o projeto.

Meu agradecimento permanente à minha família: Margaret, Elizabeth e Joel, que sempre me oferecem um grande apoio em meu ministério.

Prefácio

Envolvente, instrutivo, orientador e extremamente útil — estes são apenas alguns dos termos para descrever este livro. O dr. John Maxwell é, sem dúvida, um dos mais eficientes e sensíveis "homens da palavra" de nossos dias. Ele escreve usando sua considerável bagagem intelectual; no entanto, mais importante que isso, escreve com o coração. É isso que todos os grandes comunicadores fazem.

Como o dr. Maxwell costuma dizer: "se não existe fé no futuro, não existe poder no presente". O maior mérito de *Surpreenda-se com o seu potencial* é encher o leitor de esperança no futuro — o que lhe proporciona poder para enfrentar o presente. Isso capacita cada um de nós a ser mais eficaz hoje, o que significa que nosso amanhã tenderá a ser ainda melhor.

Este livro pode ser muito bom sob três aspectos: você pode abri-lo e, depois de ler uma ou duas páginas, entrar num estado momentâneo de enlevo espiritual; pode se servir e regalar diante do abundante banquete de grandes reflexões e idéias que o livro oferece, assimilando algumas orientações positivas que farão uma enorme diferença; ou então pode se enriquecer continuamente com as pérolas de sabedoria que predominam nas páginas deste livro. Como se trata de uma obra clara e concisa, o leitor não precisa se esforçar para adivinhar o que o autor está querendo dizer. De forma resumida, ela nos desafia a desenvolver todas as nossas capacidades e fornece orientações muito diretas para que possamos alcançar esse objetivo. É bom. Muito bom mesmo.

Zig Ziglar

Sim, você é capaz!

Sempre procurei transformar situações problemáticas em oportunidades de gerar alternativas criativas. Há muito tempo, num dia de calor, eu e minha esposa, Margaret, viajávamos por uma área rural dentro do estado de Ohio quando sentimos muita sede. A lanchonete do tipo *fast food* em que estacionamos dispunha de gelo, mas não vendia Coca-Cola dietética. A solução que encontrei para aquele problema foi pedir um copo com gelo e comprar uma Coca dietética em outro estabelecimento nas redondezas.

Até o momento em que pedi o gelo, pareceu-me uma alternativa bem simples e fácil, mas a jovem que trabalhava no caixa me disse, com muita convicção:

— Sinto muito, não posso fazer isso.

Não havia nenhuma dúvida de que a mentalidade daquela moça estava condicionada a responder "não posso" o tempo todo e precisava ser reprogramada. Olhei de novo para ela, dei um sorriso e disse:

— Sim, você pode!

O rosto da jovem se iluminou e ela respondeu:

— Tudo bem!

Bastou uma reação positiva e uma demonstração de interesse genuíno para que ela providenciasse aquele copo com gelo. Não foi necessário nada além daquilo: permiti à moça que reagisse de modo positivo diante de uma alternativa criativa. Ela só precisava de alguém que dissesse: "Sim, você pode". O que pretendo com este livro é transformar esse mesmo espírito positivo num padrão para a vida do leitor.

O segundo objetivo que tenho em mente ao publicar esta obra é fornecer a você alguns princípios relacionados ao sucesso que funcionam de verdade. Veja bem, há princípios que conduzem ao sucesso, assim como há outros que levam ao fracasso. O processo para colocar em prática os princípios do sucesso é bem simples e envolve quatro etapas: conhecer, demonstrar, seguir em frente e crescer.

Antes de mais nada, é preciso conhecer esses princípios para, em seguida, demonstrá-los. Devemos refletir esses princípios de maneira modelar diante das pessoas, pois elas precisam vê-los funcionando. Isso é ainda mais importante do que ouvir falar deles.

Depois vem o momento de colocá-los em prática. Você tem de arregaçar as mangas, sair a campo e aplicar esses princípios. Na medida em que se desenvolve, faça uma avaliação pessoal. Pergunte-se: "Como estou me saindo? Será que esses princípios estão, de fato, determinando os rumos de minha vida? Posso dizer que estão se tornando tão naturais para mim quanto a própria respiração?". Meu desejo é o de compartilhar princípios que ajudarão você a se desenvolver, tanto na vida espiritual quanto na liderança que exerce.

Em terceiro lugar, minha intenção é fornecer ferramentas a pessoas que ocupam posições de liderança. Quando falo de ferramentas, estou me referindo à informação. Informação é poder, e todo mundo exerce algum tipo de influência. Isso é que constitui a liderança, e quanto maior for o volume de informações de que você dispõe, maior será o poder de liderança que exercerá sobre as pessoas. Quanto mais informações temos para fornecer aos outros, maior é nossa capacidade de influenciá-los de um modo positivo.

Espero que você pegue todo esse material que coloco à sua disposição e passe adiante. Não é bom guardar tudo o que se assimila apenas para si. É importante que outros também tenham a oportunidade de conhecer.

O quarto objetivo deste livro é ajudar a desenvolver líderes cristãos que venham a fazer diferença. Tenho muito interesse em desafiar meus leitores. Quando não somos desafiados, não somos transformados. Sabe qual é a diferença entre líderes, liderados e perdedores? Os líderes crescem diante dos desafios; os liderados lutam contra eles; e os perdedores os evitam. Quero que você cresça a partir deste material que coloco à sua disposição. Meu desejo é que você seja como um elástico de borracha, desses que se usa em escritórios: só se torna útil quando estica (vai além até alcançar seu potencial) e cresce.

Há ainda mais um objetivo que tenho em relação a este livro: que ele possa ajudar você a desenvolver uma atitude saudável e de alegria. Veja bem, a maioria de nossos problemas está em nossa mente. Não se trata do que acontece conosco, e sim do que acontece dentro de nós. A alegria é o resultado natural quando se segue os princípios corretos.

Há algum tempo, enquanto lia o texto de João 15 num avião, deparei com aquilo que Jesus diz no versículo 11: "Tenho lhes dito estas palavras para que a minha alegria esteja em vocês e a alegria de vocês seja completa". Essas palavras saltaram diante de meus olhos, e comecei a compreender que Jesus estava falando aquelas coisas aos seus discípulos; a cristãos. Isso significava que, embora seus seguidores o tivessem acompanhado durante três anos, havia a possibilidade de que aquela alegria não permanecesse na vida deles. Jesus estava mostrando que a alegria e a felicidade só se tornam realidade quando colocamos os princípios certos em prática. Compartilho várias coisas neste livro porque quero ajudar você a produzir frutos e sentir essa alegria de viver.

1

Dar frutos é motivo de alegria!

Em João 15, Jesus afirma que dar frutos é motivo de alegria. Na verdade, o tema desse capítulo do evangelho de João é este: Jesus deseja que nossa vida frutifique. Dê uma olhada no versículo 16: "Vocês não me escolheram, mas eu os escolhi para irem e darem fruto, fruto que permaneça, a fim de que o Pai lhes conceda o que pedirem em meu nome".

Permita-me dizer a você o que considero ser o significado de "dar fruto", de acordo com a Bíblia. Quando, em sua Palavra, Deus fala sobre uma vida que produz fruto, ele está se referindo a uma atitude positiva, uma postura ativa. A passagem das Escrituras que fala do fruto do Espírito, que está em Gálatas 5:22-23, é o texto por excelência sobre a vida frutífera: "Mas o fruto do Espírito é amor, alegria, paz, paciência, amabilidade, bondade, fidelidade, mansidão e domínio próprio. Contra essas coisas não há lei".

Dar frutos é demonstrar diariamente uma postura ativa e positiva diante da vida. Quando isso ocorre, começamos a sentir a verdadeira alegria e passamos a testemunhar as coisas positivas que nos acontecem. Ao assumir esse tipo de atitude, podemos esperar pelos cinco "RPs".

Primeiramente, surgem os resultados positivos. Quando você começar a instilar essas atitudes no meio em que vive, passará a comprovar os resultados úteis que elas proporcionarão. Você também terá a oportunidade de desenvolver relacionamentos positivos. Da mesma forma, testemunhará as reações positivas das pessoas, especialmente no que diz respeito a áreas que, até então, constituíam grandes problemas. Você descobrirá que colhe reações positivas todas as vezes que assume essa postura ativa, essa atitude positiva.

Você receberá reforço positivo. A vida é como um espelho: as pessoas vêem o reflexo daquilo que mostram. Colhemos o resultado daquilo que plantamos. Quando incentivar as pessoas, você descobrirá que elas também estão dispostas a retribuir com encorajamento. Atitudes positivas são contagiantes.

Por fim, você sentirá alegria. É exatamente isso que Jesus está dizendo em João 15:11: "Tenho lhes dito estas palavras para que a minha alegria esteja em vocês e a alegria de vocês seja completa". Ouço, com freqüência, pessoas se queixando de que não são felizes, não se sentem realizadas, completas. Reclamam porque lhes falta alegria de viver. A impressão que tenho é a de que a busca pela alegria se transformou no propósito maior da vida dessa gente. Acontece que a alegria (ou a felicidade, ou a realização pessoal) não se apresenta quando a buscamos, mas quando colocamos os princípios certos em prática. Essa alegria é o resultado natural que se obtém quando a pessoa faz as coisas certas.

Só quando vivemos de acordo com esses princípios é que começamos a gostar deles de fato. De modo geral, nossa tendência é a de tentar gostar primeiro. Queremos começar nos apaixonando pelas coisas certas para só então fazê-las acontecer na vida. Só que o sentido é inverso: começamos a desejar as coisas certas a partir do momento que passamos a conhecer e viver de acordo com esses princípios. Só depois disso é que obtemos o resultado natural desse processo, que é a alegria de viver.

É possível que você já tenha visto por aí algum carro com um adesivo no qual se lê: "Você já começou a se divertir?". Todas as vezes que vejo esse adesivo, tenho vontade de escrever outro diferente: "Você já começou a fazer a coisa certa?". Se fizermos as coisas certas, certamente viveremos mais alegres.

Nossa fonte de poder

Em João 15:1-10, Jesus nos fornece os princípios para que vivamos de tal modo que possamos dar frutos. Vamos analisar todos eles. Em primeiro lugar, o poder do qual dispomos para viver uma vida frutífera é ilimitado por causa da fonte. Jesus começa dizendo: "Eu sou a videira verdadeira" (v. 1). Jesus é a nossa fonte de poder. Quando nos damos conta disso, entendemos por que Paulo foi capaz de dizer: "Tudo posso naquele que me fortalece" (Fp 4:13). Passamos a produzir frutos quando recebemos poder da fonte certa.

Um amigo meu conversava com o neto de sete anos sobre as implicações contidas no texto de Miquéias 6:8: "Ele mostrou a você, ó homem, o que é bom e o que o Senhor exige: pratique a justiça, ame a fidelidade e ande humildemente com o seu Deus". O garotinho, que estava decorando esse versículo bíblico, disse: "Vovô, é difícil ser humilde quando a pessoa anda com Deus".

Ali estava uma declaração de alto valor teológico na boca de uma criança de apenas sete anos. Só quando começamos a vislumbrar os recursos ilimitados que temos à disposição — o poder do próprio Deus — é que passamos a sentir a convicção de que somos totalmente capacitados a fazer qualquer coisa que o Senhor deseja que façamos.

Deveríamos nos sentir como aquele ratinho que, ao lado de um elefante, atravessou uma ponte que se estendia sobre uma ravina muito profunda. Conforme o ratinho e o elefante caminhavam por cima da ponte, ela balançava bastante. Quando os dois chegaram ao outro lado, o ratinho virou-se para o enorme companheiro e comentou: "Rapaz, viu como a gente sacudiu aquela ponte quando passou por ela?".

Quando caminhamos com Deus, é assim que costumamos nos sentir: como um ratinho que tem a mesma força de um elefante. Depois de atravessar a ponte que se estende sobre as águas turbulentas da vida, podemos dizer, tal como aquele ratinho: "Rapaz, viu como a gente sacudiu aquela ponte quando passou por ela?".

Hudson Taylor, o grande missionário que levou o evangelho à China, afirmou:

> Muitos cristãos calculam o tamanho das dificuldades à luz dos próprios recursos. Por essa razão, não se esforçam muito e acabam sempre fracassando. Todos os gigantes já foram homens fracos que fizeram coisas grandiosas para Deus porque confiaram no poder divino e na presença do Senhor ao lado deles.

Assim como Davi, que afirmou que "a batalha é do SENHOR" (1Sm 17:47), também precisamos compreender que Jesus é a nossa fonte e podemos nos ligar diretamente a ele.

O CUIDADO DO DONO DA VIDA

Nessa passagem das Escrituras, Jesus diz que temos potencial para frutificar, não apenas por causa da fonte de nosso poder, mas também por conta do cuidado que o Dono da vida nos dedica. Assim como Jesus é a fonte, o Pai é o agricultor. O agricultor toma conta da vinha; deve ser um homem com habilidade e conhecimento para tal, um especialista no cultivo e no desenvolvimento de uvas.

Mas nessa passagem das Escrituras, ele também é o proprietário. Quando pensamos no proprietário de alguma coisa, o que nos vem à mente é o interesse que essa pessoa tem. Pensamos a respeito de seu compromisso — algo mais que o conhecimento e a habilidade. Sendo ramos, não apenas temos na vinha nossa fonte de poder, como também temos Deus para nos supervisionar, tomar conta de nossa vida e nos preparar para que nos tornemos produtivos e frutíferos.

É provável que você já tenha notado o seguinte: a pessoa que é dona de alguma coisa, seja o que for, demonstra certo orgulho que o simples observador nunca tem. Lembro-me de quando eu era garotinho e meu avô costumava caminhar comigo por sua fazenda. Conforme andávamos e olhávamos à nossa volta, ele era capaz de discernir a singularidade e a beleza de coisas nas quais eu nem reparava direito. Ele enxergava o grande potencial de um galpão decadente nos fundos do terreno; eu só via um monte de ripas de madeira. Ele me mostrava um trator velho e enferrujado e falava daquilo que aquela máquina poderia fazer; para mim, não passava de sucata imprestável, retorcida e coberta de ferrugem.

Por que aquilo acontecia? Como duas pessoas conseguiam olhar para as mesmas coisas e enxergar realidades tão diferentes? É porque ele era o dono de tudo aquilo, e eu não. Ser proprietário de alguma coisa faz muita diferença. Deus é o dono de nossa vida. Por isso, quando olha para nós, ele não o faz a partir do ponto de vista de um simples observador, mas na condição de investidor.

A LIMPEZA DOS RAMOS — NOSSA PURIFICAÇÃO

Nosso potencial para produzir frutos é grande porque Jesus é nossa fonte. O fato de Deus ser o dono de nossa vida e tomar conta de nós torna esse potencial ainda maior. Uma das coisas que Deus faz como dono da vinha é nos podar. A limpeza que ele opera nos ramos aumenta muito nosso potencial para uma vida frutífera. "Todo ramo que, estando em mim, não dá fruto, ele corta; e todo que dá fruto ele poda, para que dê mais fruto ainda" (Jo 15:2). Deus, o dono da vinha, remove tudo o que nos impede de ser úteis. Ele sabe que, se não cortar e jogar fora as partes imprestáveis do ramo, todos os nossos recursos serão drenados para produzir mais material imprestável e, dessa forma, não seremos capazes de frutificar.

Descobri que as pessoas produtivas são podadas o tempo todo, passando por esse processo que Deus usa para nos tornar mais produtivos e frutíferos. E ele sabe exatamente o que é preciso aparar em nossa vida. Deus é como um lenhador profissional, daqueles que, quando há um problema no escoamento das toras pelo rio, sobe numa árvore bem alta e olha lá de cima até encontrar o ponto em que está localizado o obstáculo. Em seguida, pega um pouco de dinamite e detona naquela área onde o fluxo da madeira foi interrompido, liberando a passagem e permitindo que as toras voltem a seguir o curso do rio.

Para ser franco, eu não resolveria o problema dessa maneira. Provavelmente, subiria nas toras bloqueadas e andaria por cima delas até encontrar um caminho que me levasse ao problema. Mas Deus não perde tempo com coisas secundárias. Ele vai direto ao ponto com sua dinamite e a detona apenas nas áreas de nossa vida que não são produtivas. Ele corta fora aquele "pecado que nos envolve" (Hb 12:1), seja qual for o problema que sirva de impedimento para que nos tornemos as pessoas que realmente queremos ser.

Nossa parceria

Nosso potencial para produzir frutos também é muito grande por causa da parceria com a qual podemos contar. No quarto versículo de João 15, Jesus fala a respeito da parceria que ele propõe (e que, na verdade, podemos identificar ao longo de toda a passagem bíblica). "Permaneçam em mim, e eu permanecerei em vocês. Nenhum ramo pode dar fruto por si mesmo, se não permanecer na videira. Vocês também não podem dar fruto, se não permanecerem em mim". Por onze vezes, nos versículos 4 a 10 desse capítulo, vemos a utilização do verbo "permanecer". Basicamente, o que Jesus está dizendo é: "Fiquem ligados à vinha, e todas as outras coisas correrão bem".

Quando Robert Morrison estava a caminho da China, onde trabalharia como missionário, o capitão do navio em que ele viajava demonstrava ceticismo em relação àquele sonho e, por isso, fez o possível para tornar a jornada desagradável para seu passageiro cristão. Quando Morrison estava desembarcando, o capitão o abordou:

— Suponho que você acredite que sua presença na China será marcante.

Robert Morrison respondeu simplesmente o seguinte:

— Não, senhor. Acredito que a presença de Deus será marcante.

Ele estava ciente de sua parceria com Deus.

Tal parceria com o Senhor deve desenvolver em nós a mesma confiança que um jovem tinha quando começou a vender lápis de dez centavos de porta em porta a fim de juntar dinheiro para ajudar na construção de um hospital para a comunidade, cujo custo era estimado em 30 milhões de dólares. Certo dia, uma mulher abriu a porta e ele disse:

— Será que a senhora poderia comprar um ou dois lápis desses que estou vendendo? Quero ajudar a construir um hospital de 30 milhões de dólares para nossa comunidade.

Ela respondeu:

— Mas esse é um objetivo muito ousado para ser alcançado apenas por um garotinho vendendo lápis a dez centavos cada.

Então ele explicou:

— Ah, senhora, acontece que não estou sozinho. Está vendo aquele garoto do outro lado da rua? Ele é meu sócio, e está me ajudando. Na verdade, estamos fazendo isso juntos.

Aquele garotinho levava muita fé num parceiro provavelmente igual a ele. Não seria o caso de depositarmos o mesmo tipo de confiança num Deus inigualável, um Deus que nos propõe parceria para tornar nossa vida frutífera?

Nossa promessa

Também temos potencial para produzir frutos por causa da promessa contida no versículo 7: "Se vocês permanecerem em mim, e as minhas palavras permanecerem em vocês, pedirão o que quiserem, e lhes será concedido". Há duas observações que eu gostaria de fazer. Em primeiro lugar, a promessa foi feita sob uma condição: se permanecermos em Jesus. Segundo, as coisas que pedimos devem estar de acordo com a Palavra de Deus.

O que Jesus está dizendo, de fato, é que, se permanecermos nele, também nele nos deleitaremos, e de tal modo que só pediremos as coisas que estiverem de acordo com a vontade divina. Isso me lembra Salmos 37:4: "Deleite-se no Senhor, e ele atenderá aos desejos do seu coração". O deleite vem antes do desejo. Se me deleito em alguma coisa, é isso que determinará o meu desejo. Se me deleito em Deus, meu desejo será o de fazer e pedir todas as coisas de acordo com a vontade dele. É muito comum tentarmos fazer esse princípio funcionar no sentido inverso.

Quando eu ainda era estudante do Ensino Médio, uma de minhas tarefas em casa era a de lavar os pratos depois do jantar. Eu detestava fazer aquilo. Na época, já estava namorando com Margaret, e minha expectativa de vê-la à noite freqüentemente superava meu senso de dever. Por causa disso, eu corria para o carro e, quando davam por minha falta, já estava muito longe. Quando eu chegava à casa de Margaret, dá para imaginar o que ela estava fazendo, não é? Na mesma hora, eu pegava uma toalha e começava a secar os pratos que ela ia acabando de lavar. E o mais interessante é que eu gostava demais de fazer aquilo!

A pessoa em quem eu me deleitava estava lavando pratos, e quando você realmente se deleita em alguém, gosta de se envolver em coisas que, via de regra, detestaria fazer. É muito comum nos faltar desejo porque nosso deleite não é suficiente naquilo. Deus nos promete que, se nos deleitarmos nele, desejaremos as coisas das quais precisamos, e ele as concederá.

O propósito de nossa vida

Nosso potencial para produzir frutos é grande por causa do propósito que nos rege. Está escrito em João 15:8: "Meu Pai é glorificado pelo fato de vocês darem muito fruto; e assim serão meus discípulos". Em outras palavras, fomos criados para dar fruto em abundância. Esse é o propósito de nossa vida. Dê uma olhada no versículo 16: "Vocês não me escolheram, mas eu os escolhi...". Para quê? "... para irem e darem fruto", para que assumamos uma postura ativa e atitudes positivas na vida.

Fomos escolhidos, selecionados por Deus, para viver de maneira frutífera. Essas atitudes positivas e afirmativas, como o amor, a alegria, a paz e a longanimidade, devem se tornar partes integrantes de nossa vida. Quando elas passam a ser parte de nossa estrutura interior, então começamos a transmiti-las aos outros.

Um dos problemas mais comuns entre nós, cristãos, é não demonstrarmos essas atitudes positivas que podem nos fazer o sal da terra e a luz desse mundo. Conta-se uma história segundo a qual, quando Berlim estava sendo dividida em duas partes, com a oriental controlada pela União Soviética e a ocidental, por

Estados Unidos, França e Grã-Bretanha, um grupo de pessoas que vivia na área oriental jogou a caçamba de lixo de um caminhão no lado oeste. As pessoas que moravam na parte ocidental achavam que deveriam pegar todo o lixo, colocar num caminhão e jogar de novo no lado leste da cidade.

Foi então que chegaram à conclusão de que aquela não era a melhor maneira de lidar com a situação. Em vez disso, encheram a caçamba de um caminhão com alimentos enlatados e outros produtos não perecíveis. Em seguida, levaram o caminhão para a parte oriental de Berlim, empilharam aqueles produtos e colocaram uma placa ao lado, na qual se lia: "Cada um dá o que tem para dar". Penso que aquilo foi uma espécie de pregação, você não acha? Só é possível produzir frutos para os outros quando vivemos de modo frutífero.

O FRUTO DA OBEDIÊNCIA

Nosso potencial para produzir frutos é muito grande por causa de nossa obediência. Jesus afirma, nos versículos 7 e 10, que, se permanecermos nele e obedecermos os seus mandamentos, produziremos frutos. Acho que a palavra-chave é aquela partícula condicionante "se". Tenho uma caneca em casa com a seguinte inscrição: "Se tiver de acontecer, depende de mim". Acredito que é justamente isso que Jesus está dizendo. Ele afirma que, se alguém tiver de produzir frutos, esse processo dependerá apenas dessa pessoa.

Em João 15, Jesus prevê o estabelecimento de uma relação muito frutífera conosco. No versículo 6, ele afirma: "Se alguém não permanecer em mim...". Ele não diz: "Se eu não permanecer em vocês...". Jesus será enxertado em nós. A questão que ele levanta é: "Vocês serão enxertados em mim?". Jesus já está entre nós. Ele tem o poder; tem a força; tem a sabedoria da qual pode nos dotar.

Ele tem todos os recursos de que precisamos, e está pronto para concedê-los. Tudo o que precisamos fazer é nos enxertar nele.

Por que não permanecemos sempre em Deus? Por pura falta de capacidade para obedecer. Começamos a acreditar que podemos fazer todas as coisas por conta própria; passamos a demonstrar uma autonomia nada saudável, em vez de depositar nossa confiança em Cristo. Se deixamos de assumir uma postura ativa e uma atitude positiva, é porque não estamos ligados, de fato, à vinha.

Os cristãos não deveriam ter de se condicionar todos os dias, como o mundo costuma fazer, para assumir atitudes positivas, afirmativas. Quando o relacionamento com Deus está seguindo a trilha certa, isso acontece de modo tão natural quanto a própria respiração. Jesus está dizendo o seguinte: quando nosso relacionamento com ele é adequado, começamos a viver de maneira frutífera. É a partir daí que, de fato, começamos a nos tornar produtivos.

Todo mundo deseja ser produtivo. Um psicólogo da Universidade de Stanford tentou demonstrar que as pessoas vivem para produzir resultados (ou frutos). Esse pesquisador contratou um homem (mais precisamente, um lenhador) e disse:

— Pago o dobro do que você recebe cortando árvores se ficar o dia inteiro, todos os dias, batendo com a parte cega de seu machado nessa tora. Você não precisa se preocupar em cortar nem um pedacinho dessa madeira. Só quero que pegue o lado cego do machado e bata na tora com toda a força, do mesmo jeito que faria se a estivesse cortando em pedaços.

O sujeito trabalhou daquela maneira durante a metade de um dia e logo desistiu do emprego. Então o psicólogo perguntou a ele:

— Por que você não quer mais trabalhar com isso?

— Porque todas as vezes que manuseio um machado — respondeu o lenhador — preciso ver os cavacos voando. Quando dou um golpe com o machado e não levanto as lascas da madeira, não consigo achar a menor graça no que estou fazendo.

Estou convencido de que há muitos cristãos utilizando o lado errado de seus machados. Por isso, não conseguem ver as lascas de madeira voando. Em outras palavras: esses cristãos não estão produzindo nenhum fruto, e a alegria deles se foi. Esse deleite foi substituído por uma sensação de futilidade, de inutilidade, de imobilidade. Pessoas que dão frutos gostam de ver os cavacos voando.

A fórmula para uma vida frutífera

Jesus nos concede uma fórmula para viver de maneira frutífera. Essa fórmula consiste em três palavras presentes no texto de João 15. Quero que você se lembre dessas três palavras, pois elas constituem a chave para uma vida efetivamente frutífera. A primeira é "permanecer". Ao longo de todo o capítulo 15 do Evangelho de João, Jesus nos orienta a "permanecer". "Permaneçam em mim", é o que ele diz. Trata-se da nossa disposição de dedicar tempo à oração e ao estudo da Palavra de Deus. Precisamos permitir que Jesus passe a ser parte integrante de nossa vida e comece a operar nela.

A segunda palavra da fórmula é "receber". Em João 15, Jesus diz que, se permanecermos nele, passaremos a receber determinadas coisas. O que receberemos é uma vida boa e frutífera. A terceira palavra é "reproduzir". Se permanecermos em Jesus, receberemos o que ele tem para nos dar, e só então nossa vida começará a reproduzir essas coisas.

Acompanhamento dos resultados

Permita-me fornecer algumas sugestões para que você possa aplicar esses conceitos em sua vida. Antes de qualquer outra coisa, encorajo você a assumir um estilo de vida produtivo a partir de *agora*. Suba até a ponta do galho: é ali que estão os frutos. Todas as grandes realizações da vida precisam de uma decisão para se começar. Convença-se de que você se tornará um cristão ou uma cristã capaz de produzir frutos, e que começará a reproduzir esses frutos em nome de Cristo.

Em segundo lugar, aplique a fórmula para produzir frutos que acabo de ensinar, e faça isso diariamente. *Permaneça* dedicando, talvez, quinze minutos diários à oração e à meditação. *Receba* na medida em que dedicar trinta minutos diários ao estudo da Palavra de Deus e à leitura de obras positivas, ou então assistindo a vídeos didáticos. Alimente seu intelecto com coisas que ajudarão a pensar da maneira correta. Em seguida, *reproduza* o que aprendeu. Encontre alguém (hoje mesmo, não deixe para amanhã) com quem possa compartilhar, talvez, uma das verdades aprendidas com a leitura deste capítulo. Passe essas informações adiante. Um dos modos mais rápidos de se desenvolver é contando a outras pessoas as coisas que você acabou de aprender. Quanto mais as verbaliza, mais elas se enraízam em sua vida.

Terceiro, faça uma lista das sementes que está plantando em sua vida. Quais as coisas certas que você está fazendo neste momento e que o ajudarão a viver de maneira mais frutífera? Pense não apenas no dia de hoje, mas também no que acontecerá daqui a um ano, daqui a cinco anos. O tipo de semente que você está lançando sobre o solo de sua vida é capaz de frutificar a dez, a trinta ou até a cem por um?

Quarta sugestão: faça uma lista com alguns resultados positivos que já podem ser identificados em sua vida. Se você estiver ligado à vinha, deve ser capaz de discernir as evidências desse relacionamento. Lembra dos cinco "RPs"? Eles devem começar a se tornar uma realidade em sua vida. Procure por eles. Coloque-os no papel e carregue-os consigo.

Quando você começa a lançar boas sementes no solo de sua vida, logo passa a colher alguns resultados positivos, possivelmente nas pessoas (ou por intermédio delas) que, a princípio, reagiriam de modo negativo. Comece a cultivar o solo. Plante algumas sementes positivas e fique atento enquanto os cinco "RPs" retornam a você. Lembre-se disto: "Tenho lhes dito estas palavras para que a minha alegria esteja em vocês e a alegria de vocês seja completa" (Jo 15:11).

2

A fórmula do sucesso

Há muito tempo, ouvi um relato a respeito de um homem que foi homenageado como o cidadão mais notável do lugar onde vivia. Convocado para contar a história de sua vida, ele disse:

— Amigos e vizinhos, quando cheguei aqui, há trinta anos, entrei em sua cidade caminhando por uma estrada suja e enlameada. Eu não trazia muita coisa além da roupa do corpo e dos sapatos que calçava. Todos os meus pertences neste mundo se resumiam a uma trouxa de pano vermelho amarrada numa vara, que carregava apoiada no ombro. Hoje, sou um dos integrantes da diretoria do banco. Sou proprietário de hotéis, de apartamentos, de prédios de escritórios; tenho três empresas com filiais em 49 cidades e participo da diretoria de todos os melhores clubes. Sim, meus amigos, a sua cidade foi muito boa para mim.

Depois do banquete, um jovem aproximou-se daquele grande homem e fez uma pergunta:

— Será que o senhor poderia me dizer o que carregava naquela trouxa de pano vermelho que trazia quando chegou em nossa cidade, há trinta anos?

O homenageado respondeu:

— Se não me falha a memória, meu filho, acho que eu trazia mais ou menos meio milhão de dólares em dinheiro vivo e mais uns 900 mil dólares em títulos do governo.

Para que consigamos entender o que significa o sucesso, precisamos primeiro perguntar o que há dentro da trouxa de pano vermelho. Se eu pedisse a você que me explicasse o significado da palavra "sucesso", sua definição estaria relacionada com aquilo que guarda em sua trouxa de pano vermelho, ou seja, as coisas das quais precisa, de fato, para viver.

O que é o sucesso?

Gostaria de abordar essa questão da fórmula do sucesso sob dois ângulos. Primeiro, precisamos definir o sucesso de acordo com o ponto de vista do mundo e, em seguida, devemos buscar uma definição a partir de uma perspectiva cristã. Há uma diferença entre essas duas definições.

A melhor maneira de definir o sucesso de acordo com o ponto de vista do mundo é esta: sucesso é ter o poder por meio do qual alguém pode adquirir o que quiser na vida sem violar os direitos alheios. Em outras palavras, é o poder de ter o que se quer sem passar por cima dos demais. O sucesso, no conceito do mundo, é equivalente ao poder.

Mas uma definição cristã de sucesso precisa incluir mais que isso. Aqui está a minha definição: fazer a escolha de entrar na arena da ação determinado a se doar àquela causa, acreditando que ela ajudará a transformar positivamente a humanidade e durará para sempre. O sucesso é mais que simplesmente ter poder ou deixar de violar os direitos dos outros; é o privilégio de oferecer algum tipo de contribuição para torná-los ainda melhores.

De acordo com a definição de sucesso do mundo, o "eu" orienta a vida. Já segundo a definição cristã do sucesso, a vida orienta o "eu". O mundo pode me considerar uma pessoa bem-sucedida, desde que eu seja capaz de satisfazer todas as minhas necessidades, mesmo que não me importe em ajudar o próximo. O cristão tem a dizer o seguinte: para ser uma pessoa de sucesso, preciso contribuir com o bem-estar dos que estão à minha volta. Colocando a questão de outra forma, para ser tudo quanto posso, preciso ajudar você a ser tudo quanto pode.

A única pessoa capaz de impedir você de se tornar aquilo que Deus deseja é você mesmo. Se você não é a pessoa que Deus tinha em mente quando o criou, não é por culpa dele. Deus nunca nos pede para sermos alguma coisa para a qual não nos tenha capacitado. Mas é muito comum pararmos no meio do caminho. Agindo assim, nunca alcançaremos o sucesso.

Por que as pessoas fracassam?

Acredito que há três razões pelas quais as pessoas não se tornam bem-sucedidas.

Muitas simplesmente não sentem a necessidade de alcançar o sucesso. Essas pessoas se sentem seguras onde estão. Não precisam provar nada a ninguém. Estão felizes, contentam-se com o que têm. Gostam das coisas que estão acontecendo na vida delas. Mas se o sucesso significa se tornar tudo quanto Deus deseja que sejamos e nos satisfazemos com menos, então não apenas deixamos de alcançar o melhor que o Senhor tem para nós, como também nos tornamos um obstáculo para que outros o conheçam.

A maior responsabilidade dos líderes é não impedir o próprio crescimento e, dessa forma, não criar obstáculos para o desenvolvimento das pessoas a quem lideram. Se Deus nos concede um dom, devemos usá-lo para nos tornarmos pessoas bem-sucedidas, capazes não só de potencializar o crescimento do reino a partir de nossa perspectiva, como também a partir da perspectiva daqueles a quem lideramos.

A segunda razão de as pessoas não alcançarem o sucesso é porque *têm medo dele*. Por que as pessoas o temeriam? Às vezes, tememos porque o sucesso nos pressiona a persegui-lo sempre. Um estudante que sempre tira notas "A" no boletim estabelece um padrão de resultados e precisa mantê-lo. É muito comum simplesmente não querermos assumir esse tipo de responsabilidade, por isso recuamos diante do sucesso.

As pessoas que possuem uma auto-imagem depreciativa sempre tendem a evitar o sucesso. Outras não querem ser bem-sucedidas porque não gostam de viver sozinhas. Elas preferem fazer parte da multidão; afinal, viver no topo é viver solitário. O risco constitui outro motivo: tem gente que não gosta de colocar o pescoço para fora.

Há muitas outras razões, mas a questão principal se resume a esta: algumas pessoas têm medo do sucesso.

A terceira razão de muita gente fracassar é *o fato de o sucesso provocar desconfiança*. É como se elas pensassem da seguinte maneira: se você deseja alcançar o sucesso, com certeza não é uma pessoa espiritual, pois gente bem-sucedida não pode ser humilde. Nesse caso, a humildade é quase um sinônimo de pobreza. No entanto, quando examino a Palavra de Deus, uma das coisas mais impressionantes é a Bíblia estar repleta de pessoas bem-sucedidas que fizeram a opção de entrar na arena da ação e se dedicar a uma causa capaz de promover o bem da humanidade.

Essas pessoas foram bem-sucedidas na transformação de vidas para a eternidade. Pense em gente como José, Neemias, o apóstolo Paulo, Josué, Davi e Abraão. Muitos dos homens da Bíblia se transformaram naquilo que podemos considerar gente de sucesso. Quando deixamos de nos tornar tudo quanto Deus nos criou para ser, não apenas nos limitamos, como também limitamos todos aqueles sob a nossa influência.

S — Selecione seu objetivo

Vamos pegar cada letra da palavra "sucesso" e elaborar um acróstico. A razão pela qual a maioria das pessoas não alcança o sucesso é simplesmente porque elas não sabem, de fato, aonde querem chegar na vida. O apóstolo Paulo escreveu o seguinte: "...uma coisa faço..." (Fp 3:13). Ele sabia o que queria fazer. Certa vez, ouvi um amigo dizer que o sucesso é a "realização progressiva de um objetivo predeterminado e que vale a pena". Precisamos saber exatamente aonde queremos chegar.

O objetivo é predeterminado. *O sucesso não é obra do acaso*, um acidente; também não se trata de sorte ou de destino. É predeterminado. *O sucesso vale a pena.* Nada pode ser considerado um sucesso se não contribuir de modo positivo para ajudar alguém. *O sucesso é um processo contínuo.* Não se trata de um acontecimento isolado, mas de uma jornada, um processo em andamento. Também não é nenhum tipo de homenagem que recebemos depois de vencer uma corrida ou de realizar um trabalho bem-feito. O sucesso é o resultado positivo de um movimento decidido, sempre em frente.

Pesquisas demonstram que aproximadamente 95% das pessoas nunca colocaram no papel seus objetivos, mas entre as 5% que fizeram isso, 95% conseguiram alcançá-los. Em 1953, na Universidade de Yale, 3% da turma de formandos tinham objetivos específicos, devidamente colocados por escrito. Em 1975, pesquisadores descobriram que aqueles 3% haviam alcançado mais realizações que os outros 97% juntos.

Fico pensando nas muitas coisas que não conseguimos fazer porque não estabelecemos metas bem definidas nem as colocamos no papel. Vivo encontrando pessoas sem objetivos definidos porque há muitos fatores na vida sobre os quais não conseguem manter controle. Há limites físicos para nossa capacidade. O máximo que consigo fazer é chutar uma bola com determinada força até determinada distância; além daquele limite, não tenho controle sobre o processo. No entanto, dentro dos limites de minha habilidade com a bola, disponho de liberdade total. O determinismo e o livre arbítrio são, ambos, parte da vida, mas é muito melhor fazer o máximo com aquilo que podemos do que lamentar pelas coisas além de nossa capacidade.

O tempo médio de vida de uma pessoa inclui vinte anos de sono, seis anos diante de uma televisão, cinco anos trocando a roupa e fazendo a barba, três anos esperando outras pessoas, um ano no telefone e quatro meses amarrando os sapatos. Para ajudar você a compreender a importância dos objetivos e facilitar o estabelecimento de metas, permita-me oferecer cinco orientações importantes.

Seu objetivo inclui os outros

Nenhuma meta vale a pena se ela se resumir a seu interesse. Estabeleça um objetivo suficientemente grande, de modo que possa incluir e ajudar outras pessoas.

Seu objetivo deve valer a pena

Não existe esse negócio de "alcançar um objetivo irrelevante".

Seu objetivo deve ser claro

Se você não sabe dizer em que direção está indo, um mapa não terá serventia alguma.

Seu objetivo deve ser mensurável

Você precisa encontrar uma maneira de verificar se está fazendo algum progresso nessa trilha rumo ao sucesso.

Seu objetivo deve ser irrestrito

Não seja rígido no estabelecimento de suas metas. Se o seu objetivo não pode ser ampliado, então terá vida curta. Conforme nos desenvolvemos, conseguimos enxergar com mais clareza o cenário diante de nós, por isso precisamos elevar nossas metas o tempo todo. É muito triste quando nos damos conta de que alcançamos nosso objetivo e, a partir dali, não temos mais nada que fazer.

Seus objetivos devem ser alimentados com a convicção de que serão alcançados. A convicção é a certeza inabalável de que o objetivo vale a pena. É o combustível capaz de nos conduzir às realizações.

U — Use todo o potencial reprimido

A maioria das pessoas usa apenas cerca de 10% de seu potencial. Se alguém usa mais ou menos 25%, já pode ser chamado de gênio. Se formos capazes de ir além dos 10% de nosso potencial e chegarmos a usar 20% dele, poderemos duplicar nossa produtividade e, ainda assim, 80% continuariam armazenados, sem uso.

Michelangelo trabalhou em 44 esculturas ao longo de sua vida. Ele só completou quatorze delas. Davi e Moisés são, provavelmente, as mais famosas. As outras nunca foram completadas. Não passaram de blocos de pedra, talvez com um braço ou uma cabeça esculpidos. Há um museu na Itália no qual os visitantes podem ver essas obras inacabadas, o potencial nunca utilizado de um grande gênio da arte.

É muito triste chegar à conclusão de que há obras inacabadas de Michelangelo; mais triste ainda é olhar todo dia para as pessoas à nossa volta e concluir que são como blocos de pedra ainda não esculpidos. Se nós, na condição de líderes, por meio de sabedoria e poder concedidos por Deus, pegarmos o buril para esculpir as pessoas sob nossa direção — não estou falando de bater, mas de esculpir — e começarmos a trabalhar, definindo quem são e libertando-as daquele bloco de granito na qual estiveram escondidas e que as impediam de ser tudo quanto poderiam, então estaremos prestando um ótimo serviço a elas.

Como se faz para usar todo o potencial que possuímos? Aqui estão algumas maneiras de começar.

Olhe para cima

A primeira providência é olhar para cima e encontrar alguém que lhe sirva como modelo, alguém fazendo um trabalho melhor que o seu. Será que há pessoas usando muito mais de seu potencial hoje em dia pelo simples fato de terem conhecido você? Podemos imaginar o que pode ser melhor que um pai, uma mãe, um patrão ou um pastor servindo de modelo e ajudando a liberar o potencial de outras pessoas? Nada é mais desafiador do que se tornar um modelo — a pessoa a quem os outros vêem quando olham para cima.

Precisamos de alguém um pouco maior e um pouco melhor do que nós; uma referência. Devemos dedicar tempo para estar com essa pessoa. Permita-me um exemplo: costumo jogar squash com um colega. Ele é um bom jogador; na verdade, ele joga bem melhor do que eu, e sempre vence a primeira partida. Sinto-me desafiado porque ele é um jogador de qualidade superior à minha, por isso me esforço ao máximo.

Se você já jogou contra alguém que não é tão bom, sabe que isso induz o mais habilidoso a ter um desempenho inferior. Aquele que joga melhor começa a ficar mais preguiçoso e passa a não se concentrar tanto na disputa. É isso que acontece com meu colega. Quando chegamos à quarta partida, consigo ganhar. Quando você joga com alguém melhor, se esforça ao máximo; quando joga contra um adversário pior, se contém.

Por isso, se deseja liberar o potencial reprimido, passe mais tempo com aquelas pessoas que induzirão você a se esforçar mais.

Encontre alguém que pensa mais rápido, corre mais rápido e tem alvos mais elevados. São essas as pessoas que puxam você para cima.

Aprenda a abrir mão

Para alcançar o melhor de nosso potencial, devemos ser capazes de abrir mão, a qualquer momento, do que somos em nome daquilo que podemos nos tornar. Muita gente não entende isso. Essas pessoas querem se agarrar com unhas e dentes ao que chegaram a ser e, ao mesmo tempo, alcançar o melhor de seu potencial. É preciso saber abrir mão.

Na Bíblia encontramos os mais variados exemplos de homens de Deus que abriram mão de alguma coisa para chegar a posições mais elevadas. Abraão abriu mão de seu lar para buscar um país melhor para viver. Moisés abriu mão das riquezas do Egito. Davi abriu mão de sua segurança.

João Batista abriu mão de ser o primeiro para, dessa forma, ser o segundo. O apóstolo Paulo abriu mão de seu passado e fez uma mudança radical. O próprio Jesus abriu mão de seus direitos. E você descobrirá que também tem de abrir mão de alguma coisa se deseja mesmo algo ainda melhor. Você jamais encontrará alguém que alcançou um grande sucesso e não tenha passado, em algum momento da vida, por essa experiência de abrir mão de alguma coisa. Nada vem de graça.

Não se acomode

Estou falando daquilo que Phillips Brooks queria dizer quando fez esta afirmação:

> Triste será o homem que algum dia se tornar uma pessoa absolutamente satisfeita com a vida que leva, com os pensamentos que passam por sua cabeça e com as coisas que faz. Até que esse

dia chegue, um desejo sempre baterá à porta do seu coração: o desejo de fazer algo maior por saber que foi feito para isso.

Encare de frente

Nada o ajudará tanto a alcançar seu potencial quanto enfrentar os desafios da vida. Algumas pessoas nunca se tornam tudo o que podem ser porque, quando se vêem diante de um desafio, não o encarou de frente. Elas fecham a porta e se escondem no canto, enquanto outra pessoa encara e vence o desafio. Não se deixe intimidar por eles: encare-os de frente.

Suba na vida

Ao olharmos para cima e vermos uma pessoa alcançando todo o seu potencial; ao abrirmos mão de qualquer coisa que seja um empecilho para chegarmos ao nosso melhor desempenho; quando não nos acomodamos até que nossos desejos estejam efetivamente realizados; e quando encaramos nossos desafios de frente, sem qualquer temor, então estamos em movimento de ascensão. Chegaramos no alto, ao topo de nosso potencial — mas isso só pode acontecer depois de olharmos para cima, abrirmos mão de algumas coisas, não nos acomodarmos e encararmos os desafios de frente.

C — Comprometa-se a seguir o plano de Deus.

Ted Engstrom fez a seguinte afirmação: "O sucesso consiste em alcançar o máximo potencial daquilo que nos está disponível." Se o sucesso for mesmo aquilo que Ted Engstrom afirma ser — tirar proveito do potencial à nossa disposição e fazer o melhor uso dele —, então não seria o caso de os cristãos serem mais bem-sucedidos do que aqueles que não crêem em Deus?

O poder que Deus concede às pessoas cheias do Espírito Santo deveria fazer uma enorme diferença entre elas e aquelas que não crêem. "... aquele que está em vocês é maior do que aquele que está no mundo" (1Jo 4:4). "Tudo posso naquele que me fortalece" (Fp 4:13). Temos acesso a todas essas coisas por meio do poder do Espírito de Deus, que nos capacita a viver numa dimensão superior.

Como posso descobrir o plano que Deus elaborou para minha vida? Como posso me comprometer a seguir esse plano? Há sete perguntas às quais a pessoa deve responder.

- *Sou uma pessoa consagrada a Deus?* Romanos 12:1-2 afirma que devemos nos consagrar a Deus para conhecer o plano dele para nós.
- *Estou dedicando tempo a Deus?* Descubro o plano divino para minha vida quando dedico meu tempo para conhecer melhor o meu Criador. Quanto mais íntima é essa relação com o Senhor, mais ciente me torno do plano que ele tem para mim.
- *Quais são os meus dons?* Na maioria das vezes, o plano de Deus combina perfeitamente com os dons que ele nos concede.
- *Quais são os meus desejos?* Descobri que meus desejos e dons também combinam entre si. Os dons concedidos a nós por Deus costumam se manifestar por meio de nossos desejos.
- *O que meus amigos cristãos dizem?* O que eles falam a respeito de meus pontos fortes e minhas fraquezas?
- *Onde estão minhas oportunidades?* O que Deus tem me concedido e que portas preciso atravessar?
- *Estou envolvido em algum ministério neste momento?* É impressionante ver quantas pessoas estão procurando, neste momento, conhecer o plano de Deus para sua vida. Se você deseja, de fato, saber o que o Senhor planejou para você, faça alguma coisa. Deus trabalha quando a pessoa trabalha.

Comprometa-se a seguir com o plano de Deus.

E — Elabore seu trajeto

Isso tem tudo a ver com planejamento. É melhor olhar para a frente e se preparar para o que está por vir do que olhar para trás e se arrepender.

Um passageiro estava conversando com o capitão do navio Queen Mary durante um cruzeiro, e perguntou a ele:

— Quanto tempo leva até o senhor parar este navio?

— Se eu desligar todos os motores, este navio ainda percorrerá mais ou menos uma milha até parar por completo — respondeu o capitão, para acrescentar em seguida: — Um bom capitão precisa pensar com, pelo menos, uma milha de antecedência.

Debrucei-me sobre o livro de Provérbios, e aqui estão os versículos que destaquei. Eles possuem relação direta com a questão do planejamento:

> Fazemos planos para nossa vida, mas é o Senhor quem orienta os nossos passos (16:9; BV).

> Quem pensa que pode vencer na vida sozinho vai fracassar totalmente; quem procura ajuda e pede conselhos será bem-sucedido (15:22; BV).

> Além de ser perigoso, agir sem pensar nas causas e conseqüências é pecado (19:2; BV).

> O homem de bom senso percebe os perigos que tem pela frente e se defende; as pessoas ingênuas avançam às cegas e sofrem as conseqüências (27:12; BV).

> A verdadeira riqueza se consegue com sabedoria e bom senso; conhecer e entender a vida é a melhor maneira de acumular

> muitas riquezas e dar à sua família tudo de que ela necessita (24:3-4; BV).

Planeje com antecedência, elabore seu trajeto; se Deus for o seu parceiro de jornada, seus planos serão ainda mais ousados.

S — Saiba como reagir ao surgirem os problemas

Paul Harvey afirmou: "É fácil dizer quando estamos trilhando a estrada rumo ao sucesso: ela é uma ladeira que nos leva cada vez mais alto". Se você está numa trilha na qual não consegue ver nenhum tipo de obstáculo, então descobrirá que ela não levará a lugar nenhum.

Por várias vezes tive a oportunidade de conversar com líderes a respeito de algo que poderia ser chamado de "estado da mediocridade". Trata-se daqueles níveis de vida além dos quais é muito difícil prosseguir. Acontece nas igrejas, nas empresas e até na vida pessoal. Já aconteceu de você sentir que não estava fazendo nenhum progresso, como se estivesse batendo a cabeça no teto? Precisamos fazer um esforço a mais para nos livrarmos desse estado de mediocridade, que nos impede de ser o que Deus deseja que sejamos.

Há duas maneiras de enfrentar nossos problemas, dois modos de sair desse estado de mediocridade. Um deles é *mudando o problema*. Essa solução é temporária e parcial. Podemos fazer um esforço para tornar aquele problema mais *administrável*, mas amanhã ele voltará a fugir de nosso controle.

A maneira mais eficaz de superar nossos problemas é mudando a pessoa. A adversidade não constitui nosso inimigo mais ferrenho. Diante de situações muito difíceis, o espírito humano é dotado de uma enorme capacidade de resistência e criatividade. Não são os problemas que complicam nossa vida. Alguém já disse:

> Mutile *[um homem]* e terá *sir* Walter Scott. Coloque-o na cadeia e terá John Bunyan. Cubra-o de neve em Valley Forge e terá George Washington. Crie-o em meio à pobreza e terá Abraham Lincoln. Coloque-o numa cadeira de rodas por causa da paralisia infantil e terá Franklin Delano Roosevelt. Queime-o de modo tão intenso a ponto de os médicos dizerem que ele nunca mais voltará a andar e terá Glenn Cunningham, o homem responsável por estabelecer o recorde mundial de velocidade para a distância de uma milha, no ano de 1934. Tire sua capacidade de ouvir e terá Ludwig van Beethoven. Chame-o de "retardado", "lento no aprendizado", considere-o incapaz de aprender coisa alguma, e terá Albert Einstein.

S — Suporte a pressão e permaneça firme em seu compromisso

Em 1Coríntios 15:58, a Palavra de Deus nos oferece encorajamento: "Portanto, meus amados irmãos, mantenham-se firmes, e que nada os abale. Sejam sempre dedicados à obra do Senhor, pois vocês sabem que, no Senhor, o trabalho de vocês não será inútil". Certa vez, alguém perguntou a James Corbett, campeão mundial de boxe na categoria peso pesado, o que ele considerava necessário para a conquista de um título como aquele. Ele respondeu: "Lute um *round* a mais".

Quando perguntado sobre como conseguiu fazer tanto sucesso com suas invenções, Thomas Edison afirmou: "Eu começo onde todas as outras pessoas costumam desistir". Em seu livro *Pense e enriqueça*,[1] Napoleon Hill conta que estudou a vida de quinhentas pessoas das mais prósperas do mundo, e chegou à conclusão de que todas elas eram persistentes.

[1] 8ª ed., Rio de Janeiro: Record, 2004.

Quando Winston Churchill voltou à universidade em que estudara, para fazer um discurso, a platéia aguardava um grande pronunciamento do primeiro-ministro. Ele se pôs de pé diante de todas aquelas pessoas e disse apenas cinco palavras: "Nunca, nunca, nunca, nunca desista". E foi só aquilo. O discurso chegara ao fim. E aquele continua sendo, provavelmente, o discurso pelo qual Churchill é mais lembrado. Permaneça firme em seu compromisso. Não seja como essas pessoas que desistem com facilidade.

O — Oriente seu coração a render todas as coisas a Jesus Cristo

Jamais esqueça que, embora você seja capaz de fazer sucesso além de suas expectativas mais otimistas, nunca conseguirá ultrapassar o propósito diante do qual você deve render todas as coisas. Procure, em primeiro lugar, o reino de Deus, assim como sua justiça, e todas as demais coisas serão acrescentadas (cf. Mt 6:33).

O segredo da vida que se rende a Deus é entregar a ele o primeiro período de cada dia, o primeiro dia de cada semana, a primeira parte de sua renda, o primeiro pensamento antes de tomar qualquer decisão e o primeiro lugar em sua vida. Quando rendemos tudo diante de Deus, assumimos um poder que supera todas as fórmulas de sucesso. Rendição proporciona poder. Quando lutamos pelo poder, o perdemos; quando nos rendemos, aí então o descobrimos.

Jesus Cristo não apenas nos mostrou o que significava viver de maneira justa — muitos grandes homens e mulheres de bom coração fizeram isso antes de ele vir à terra: ele nos concedeu o poder de viver de acordo com a mesma justiça. Além de nos mostrar a beleza de Deus, como outros fizeram antes, Jesus nos fornece os meios necessários para que, por intermédio deles, possamos nos tornar parte dessa beleza divina.

Podemos aprender o poder que existe na rendição permanente ao Cristo vivo. As mudanças em nossa vida não são resultado dos esforços atabalhoados que fazemos. Elas acontecem por causa da energia radiante e incomensurável de Cristo, que nunca abandonou o mundo, a partir do momento que disse "sim" para Deus. Aquele "sim" foi completo; ele não se recusou a entregar nada.

Como afirma a escritora Flora Slosson Wuellner,

> ... não há nada mais inútil do que tentar viver a vida cristã sem o poder de Cristo. Tente oferecer a outra face sem usar as armas espirituais do poder de Cristo para amar e veja a situação destrutiva que será criada. Tente andar a segunda milha com o próximo sem percorrer toda a trilha que leva à rendição a Cristo e veja o estrago que provocará na personalidade do próximo, assim como na sua. Tente amar e orar de modo incessante sem beber diariamente da água viva de Cristo e veja com que rapidez sua fonte secará.

Renda-se a Jesus Cristo.

O sucesso é uma palavra muitas vezes mal compreendida. Precisamos assimilar seu significado bíblico: amar a Deus de todo o nosso coração, de toda a nossa mente, de toda a nossa alma e com todas as nossas forças; permitir a ele que libere todo o potencial guardado dentro de nós; estabelecer objetivos compatíveis com a vontade divina e não se contentar com qualquer outra coisa, sabendo que Deus nos concedeu o melhor para que pudéssemos viver da melhor maneira; e compreender que um dos maiores pecados que podemos cometer contra Deus é deixar de alcançar o potencial com o qual ele nos criou.

3

O sucesso depende de você

Elásticos de borracha são fabricados em tamanhos, cores e formas diferentes, mas todos funcionam a partir do mesmo princípio: precisam ser esticados para que se tornem, de fato, úteis e eficazes. Assim como acontece com os elásticos, podemos dizer que a personalidade, os talentos e os dons de cada pessoa são diferentes. De igual modo, só nos tornamos úteis e eficazes a partir do momento que somos *esticados*, ou seja, usamos todo o nosso potencial e nos esforçamos. Se isso não estiver acontecendo em sua jornada com Deus e em sua capacidade de liderança, então você não terá condições de ser tão eficaz para Deus quanto realmente precisa.

Leonard Ravenhill conta que um grupo de turistas estava visitando um vilarejo na Europa quando um deles perguntou a um idoso que morava no lugar:

— Já nasceu algum grande homem neste vilarejo?

Aquele velhinho respondeu:

— Não, só bebês.

Todas as pessoas que conseguiram realizar alguma coisa tiveram de se esforçar para isso. Não existe essa história de "eu sou uma pessoa realizada; nunca dependi de ninguém na minha vida"; também é uma bobagem acreditar que determinadas pessoas vieram ao mundo totalmente prontas para fazer sucesso. Todas as que alcançaram o sucesso, todas aquelas que conseguiram realizar algo em nome de Deus, todas as que se revelaram eficazes aprenderam a se esforçar e a usar todo o seu potencial.

Um dos enganos mais corriqueiros (e também um dos que causam maior prejuízo) é pensar que o sucesso está relacionado a algum tipo de genialidade, algum toque mágico ou coisa parecida, do qual apenas algumas pessoas foram dotadas — menos nós. Nada disso. O sucesso é resultado de nosso esforço de ir além quando nos deparamos com os desafios. O fracasso acontece quando tentamos evitá-los. Não existe homem ou mulher que já tenha nascido grande.

Por que não somos capazes de alcançar nosso potencial? Eu diria que 95% das pessoas tentam evitar esse esforço a mais. Quando nos vemos diante de alguma coisa maior que nós, nossa tendência é a de retroceder. O que nos impede de crescer? Por que evitamos essas experiências capazes de nos levar além?

O *medo* deve ser a razão número um. O receio provocado pelo desconhecido pode, de fato, nos paralisar. Outro motivo é a *acomodação*. Para que se esforçar quando a pessoa já está satisfeita com as coisas do jeito que estão? Não há necessidade de mexer no que está funcionando bem. Às vezes é possível identificar um traço de *preguiça* em nós. Há certos momentos em que achamos melhor fazer as coisas do jeito mais fácil.

Descobri que a *auto-estima* tem muito a ver com a disposição de fazer um esforço extra. Muitos sofrem com o problema da baixa auto-estima, mas não deixam de possuir capacidades acima da média; o problema é que elas simplesmente não conseguem se considerar tão boas quanto deveriam. Algumas não querem ser *diferentes*. Afinal, se você vai além em seu potencial, deixa de ser uma pessoa comum. Ir além é deixar de pensar conforme muitos de nossos amigos e colegas.

Eu daria a você uma sugestão: feche este livro por alguns momentos e avalie-se. Pergunte-se por que você não se dispõe a usar mais de seu potencial o tempo todo. Separe uns cinco minutos e dedique-os a uma introspecção. Seja honesto consigo quando sentir que Deus está cuidando das razões de sua complacência. Se você tenta evitar esse esforço extra, então precisa começar a se envolver mais com trabalhos em grupo, de modo que possa se tornar útil e eficaz em seu ministério e em sua liderança.

Motivação para ir além

Muitos de nós precisamos ser motivados a ir além. Não se trata de uma dessas coisas que acontecem de forma natural. Precisamos aprender a nos motivar e esforçar, mas também devemos saber como incentivar os outros e ajudá-los a alcançar o máximo de seu potencial.

Um de meus heróis é Bear Bryant, que trabalhou como treinador do time de futebol americano do Alabama Crimson Tide por muitos anos e deteve, por muito tempo, o recorde de vitórias entre os treinadores de equipes universitárias. Bear Bryant era um profissional extraordinário e um grande motivador. Seus jogadores sabiam que tinham a obrigação de jogar cada vez melhor.

Conta-se uma história segundo a qual, durante um jogo importante, seu time estava ganhando por seis pontos de diferença. Faltava apenas um minuto para o fim da partida, e a equipe de Bryant estava com a posse da bola. Parecia que tinham o jogo ganho. Ele deu ordem para o time prender o jogo, mas o *quarterback*, responsável pela organização da jogada, resolveu surpreender os rivais (e o treinador também), fazendo um passe de longa distância. Ele disse ao time: "Os adversários estão esperando que seguremos a bola. Vamos fazer um lançamento".

Assim, quando o jogo recomeçou, ele fez um passe longo. É claro que um dos zagueiros adversários — por acaso, o campeão de velocidade da liga universitária — conseguiu interceptar o lançamento e correr até o campo adversário com o objetivo de marcar um *touch down*, que lhe permitiria empatar a partida e ainda chutar a bola para o ponto extra, virando o jogo. O time do Alabama estava bem perto de perder a partida.

O *quarterback* do Alabama, conhecido por ter um braço bom para lançamentos, mas também por não ser muito veloz, disparou na direção do zagueiro adversário e conseguiu derrubá-lo faltando apenas cinco jardas para completar a jogada. Ele salvou o jogo, e o time do Alabama venceu. O treinador da equipe rival procurou Bear Bryant depois do jogo e comentou:

— Eu pensava que o seu *quarterback* era muito lento! Como foi que ele conseguiu alcançar e derrubar meu jogador, um dos mais velozes da liga universitária?

Bear Bryant olhou para o outro treinador e respondeu:

— Você precisa entender uma coisa: o seu atleta estava correndo para fazer seis pontos. O meu estava correndo pela própria vida.

Alguns de nós precisamos correr pela vida para nos sentirmos motivados a ir além. O que motiva você? O que lhe faz desejar ser o melhor que pode, para a glória de Deus? Pense nisso por alguns minutos. Para algumas pessoas, o desafio, por si, é um fator estimulante. Outros são motivados pela insatisfação com a circunstância na qual estão vivendo. Ou então podemos encontrar incentivo nos sucessos conquistados anteriormente.

Uma das coisas que me ajudam a ir além é assumir um compromisso público, um objetivo manifesto. Descobri o seguinte: quando digo às pessoas que pretendo fazer determinada coisa, essa iniciativa realmente me ajuda a manter a trilha certa. Elas podem ver que falo sério quando testemunho os progressos que faço.

John F. Kennedy adorava contar histórias sobre o avô, Fitzgerald. Quando o avô era garoto e ainda vivia na Irlanda, ele voltava da escola para casa a pé com um grupo de meninos. No caminho havia muitas cercas bem altas, com pontas afiadas. Era bem difícil e perigoso subir nelas, pois algumas ultrapassavam três metros de altura. No entanto, sendo garotos temerários, sempre queriam passar por cima das cercas, apesar do perigo de se machucar.

Certo dia, quando os garotos voltavam da escola para casa, Fitzgerald tirou o boné e o jogou do outro lado da cerca. A partir daquele momento ele sabia que teria de escalar a cerca e chegar ao outro lado para recuperá-lo, pois não ousaria chegar em casa sem o boné — se isso acontecesse, levaria um castigo dos pais. Atirar seu boné para o outro lado do muro é uma forma de você assumir o compromisso de ir além em seu esforço e fazer alguma coisa que normalmente não faria. Eu incentivo você a começar a fazer o mesmo: jogue seu boné por cima da cerca.

A QUESTÃO DA VULNERABILIDADE

A maioria das pessoas fica vulnerável quando vai além em seu potencial. Quando um elástico de borracha é esticado ao máximo, é muito maior o risco de ele se romper. Um velocista que faz um esforço extra para chegar em primeiro lugar se coloca numa situação muito precária. Se alguém aparecer de repente e der um leve toque nesse atleta, pode tirá-lo totalmente de sua trajetória. Toda a energia, todos os músculos, todas as fibras desse corredor estão apontadas para um objetivo, por isso ele se torna vulnerável.

Se você não está fazendo esse esforço a mais, sua posição é bem melhor para se defender. Seus músculos estão, naturalmente, na defensiva. Embora muitos comecem a vida buscando seu melhor potencial, logo descobrem que essa atitude os coloca em posição de vulnerabilidade, por isso começam a recuar. Passam a associar o esforço extra com o sofrimento. Pouco tempo depois, já não estão mais dispostas a ir além.

Aqueles que continuam a buscar o melhor de seu potencial descobrirão como essa atitude os torna vulneráveis às críticas. Infelizmente, há muitos críticos espalhados ao longo da estrada do sucesso. Estão lá, prontos, esperando para dizer como os outros são ruins quando tentam realizar aquilo que eles mesmos não são capazes ou não demonstram disposição para fazer.

Jonas Salk, responsável pelo desenvolvimento da vacina contra a poliomielite, era atacado o tempo todo por seu trabalho criativo e inventivo no campo da medicina. Ele descobriu que as críticas sempre surgem em três estágios. O primeiro é quando as pessoas dizem que você está errado e aquilo não vai funcionar. Depois de verem que você alcançou um relativo sucesso, começam a minimizar a importância de suas realizações. Por fim, ao constatarem que seu trabalho é, de fato, relevante, elas passam a dizer que sempre souberam que você conseguiria.

Quando alguém vai além em busca de seu melhor potencial, a melhor defesa de que dispõe contra os críticos é o fruto de seu trabalho. Não é necessário recuar para se defender. Apenas siga em frente e produza os frutos. Aqueles que sabem reconhecer esses frutos os apreciarão, e os que não sabem se limitarão a criticar, independentemente de você produzi-los ou não.

Também nos tornamos vulneráveis à incompreensão. Pessoas com motivações erradas geralmente se sentem ameaçadas quando nos esforçamos para alcançar o melhor potencial. Elas reagem questionando a validade de nossas motivações, acusando-nos de fazer o melhor que podemos por alguma razão impura.

Não nos tornamos vulneráveis apenas às reações dos outros: também podemos ser atingidos por coisas que nós mesmos fazemos. Costumamos ser muito mais duros conosco do que as outras pessoas são. Se não temos nenhum objetivo, não conseguimos reconhecer nossos erros, mas se nos esforçamos para alcançar o sucesso, enfrentaremos fracassos de vez em quando. Precisamos aprender a lidar com essa situação. Jamais permita que algum fracasso seja definitivo. Tome cuidado, pois a falta de motivação é parceira do fracasso.

A melhor maneira de se livrar desse risco é cercar-se de pessoas capazes de oferecer incentivo. Faça amizade com alguém que realmente compreenda o valor da motivação, que acredita de verdade em você. Sabe qual é a melhor forma de se cercar de gente encorajadora? Torne-se alguém assim também.

Falamos sobre críticas, incompreensão, fracasso e falta de encorajamento. Pare por uns cinco minutos e avalie-se: em quais áreas você se sente vulnerável?

Necessidade de incentivo

O momento mais importante para incentivar uma pessoa é quando ela está fazendo esse esforço a mais. Se você deseja incentivar um amigo ou uma amiga, faça isso quando ele ou ela estiver indo além e buscando alcançar o melhor de seu potencial. Muita gente deixa para oferecer uma palavra de afirmação quando já é tarde demais.

Acho que, em determinados momentos, temos medo de encorajar aqueles que assumem muitos riscos, pois, ao fazer isso, nos identificamos com eles. Unimo-nos a eles numa espécie de limbo — se fracassarem, fracassaremos também. Mas lembre-se do seguinte: mesmo uma lápide pode falar coisas positivas de uma pessoa depois que ela morre. Não seja uma pessoa assim. Ofereça incentivo agora mesmo.

Faça isso com freqüência. Não espere que a corrida já esteja ganha — pelo contrário, encoraje cada passo adiante que a pessoa dá. Incentive imediatamente. O efeito de uma palavra de encorajamento é bem menor conforme o tempo vai passando. Se você sente que um amigo está começando a escorregar, ofereça incentivo imediato antes de o deslize se transformar numa queda feia. Incentive pessoalmente, e não tenha medo de fazer isso na frente dos outros. Nada é mais encorajador do que receber elogios sinceros diante de nossos pares.

O PROCESSO NUNCA TERMINA

A maioria das pessoas nunca aprende que buscar o melhor do próprio potencial é um processo que nunca chega ao fim. Temos a tendência de fazer esse esforço a mais e parar para descansar, voltar a fazer o esforço e descansar de novo. Entendo a necessidade que todos possuem de se recuperar e restaurar as forças, mas o problema é que muita gente se esforça pouco e descansa muito. Não demora muito a assumir uma mentalidade de férias permanentes, de aposentadoria precoce.

Muita gente deixa de aprender por passar a acreditar que, depois de enfrentar nove anos de Ensino Fundamental, três de Ensino Médio e mais quatro ou cinco de faculdade, já encerrou o ciclo educacional. Mas uma educação de qualidade não faz nada além de nos preparar para ir além e continuar aprendendo pelo resto da vida.

Em seguida, encontramos as pessoas que param de tentar por causa de experiências ruins que tiveram no passado. Elas dizem: "Tentei fazer isso antes"; ou: "Já fiz isso também". Elas permitem que um fracasso se torne obstáculo definitivo para o desenvolvimento de sua capacidade.

Quando você deixa de se dedicar a alcançar seu potencial, começa a se tornar uma pessoa *chata*. Nada me aborrece mais do que pessoas que não elaboraram um só pensamento novo nos últimos doze meses. Pessoas assim me chateiam além da conta. É por essa razão que acredito ser tão importante nos esforçarmos para ir além em todas as áreas de nossa vida.

Há algum tempo, meu pai, que se aposentou e hoje vive na Flórida, ligou para mim e disse:

> Filho, só quero dizer a você uma coisa: a vida é uma experiência muito empolgante. Estou trabalhando mais do que jamais trabalhei anteriormente. Estou agendando mais reuniões. Estou viajando mais. Minha correspondência aumentou tanto que fui obrigado a contratar uma secretária. A vida não é chata, de jeito nenhum. Ando muito ocupado.

Meu pai estava entrando na casa dos sessenta anos naquela época, e não tenho dúvida de que, a cada década, ele continua vendo a vida com muito mais entusiasmo. Está determinado a viver intensamente até o dia de sua morte.

Por que as pessoas interrompem esse processo de desenvolvimento de seu melhor potencial? Permita-me oferecer a você quatro breves razões. A primeira é o fato de elas se cercarem de gente chata que também vive aborrecida. Se você deseja que seu sangue continue correndo nas veias, mantenha-se perto de pessoas capazes de viver com intensidade. É por essa razão que tantos idosos morrem cedo quando se aposentam e passam a viver em asilos, onde não têm nada para fazer. Quando, de repente, essas pessoas percebem que a única coisa que lhes restou é ficar admirando o pôr do sol, aí já é tarde: elas próprias estão no ocaso da vida.

Número dois, é porque o trabalho deixa de ser um desafio. Para muita gente o trabalho nada mais é do que uma linha de produção, o que o torna automático. É por essa razão que sempre precisamos de novas metas, novas visões ou novos sonhos.

Muitos interrompem o processo de desenvolvimento de seu potencial porque aprendem a se valer de atalhos para atingir seus objetivos. Nada é mais prejudicial ao crescimento do que resolver as coisas por meio de expedientes, e não com a dedicação de seu melhor potencial. Há uma diferença entre tomar atalhos e trabalhar com inteligência. Todo mundo quer trabalhar de forma inteligente. Agindo assim, fazemos menos esforço, mas somos mais eficientes. Tomar atalhos não apenas requer menor esforço, como também é menos eficaz.

Note que não estou me referindo a trabalhar com inteligência, que envolve administrar as prioridades e encontrar uma maneira de organizar o serviço de modo que ele fique pronto com rapidez. Estou falando de se acomodar com qualquer coisa inferior ao melhor.

Acho que muitos pastores aprendem desde cedo, em suas carreiras, que lhes basta abrir a Bíblia, estudar um pouco determinada passagem das Escrituras, assumir o púlpito e improvisar. Eles não separam tempo para colocar seus sermões no papel e se certificar de que desenvolveram uma mensagem com profundidade espiritual. Conheço muitos pastores que precisam mudar de igreja a cada três anos, pois chegam a um ponto a partir do qual seus recursos se esgotam. Tomaram tantos atalhos durante a vida que se esqueceram da importância do estudo da Bíblia.

Muitas vezes paramos de nos esforçar porque achamos que nosso valor está nos relacionamentos, e não nos recursos dos quais dispomos. O casamento é um exemplo. Se, depois de casar, nos esforçássemos tanto para fazer nosso cônjuge feliz quanto fazíamos no período de namoro e noivado, não existiriam tantos problemas conjugais. Depois do casamento, achamos que o simples fato de estar casados garantirá o amor do cônjuge. Por causa disso, deixamos de fazer aquele esforço extra, e a união deixa de se desenvolver.

Permita-me aplicar essa realidade em outra área da vida, a profissional. Conheço uma pessoa que começa a trabalhar para mim e se esforça bastante durante seis meses. Quando se torna minha amiga, passa a trabalhar com menos empenho. Erroneamente, ela acredita que um relacionamento significa não ter mais de se dedicar nem usar o melhor de seus recursos. Essa pessoa parou de se esforçar em alcançar seu melhor potencial.

Ir além — O momento mais importante

A maioria das pessoas olhará para trás e constatará que seus esforços para alcançar o melhor potencial foram suas experiências mais importantes. Qual a razão disso? O crescimento ter tudo a ver com a felicidade. As pessoas mais felizes do mundo são as que estão em processo contínuo de crescimento.

Em nossa sociedade, são oferecidas muitas promessas de felicidade. Temos aquilo que costumo chamar de "doença do destino". As pessoas acreditam que, ao chegar em determinado ponto da vida, serão felizes. Quando se aposentarem, livrarem-se do emprego, fizerem aquela viagem dos sonhos e alcançarem aquele grande objetivo, então encontrarão a tão sonhada felicidade. É gente que se orienta pelas metas — o que, em si, não tem nada de errado. No entanto, elas não aprenderam a fazer tão bom proveito da jornada quanto da chegada. Seus momentos de maior felicidade deveriam ocorrer ao longo do caminho, e não apenas quando a viagem chegasse ao fim.

Há outra falsa promessa de felicidade que chamo "doença do que nunca aconteceu". É quando a pessoa reclama: "Se eu tivesse conhecido fulano..."; ou: "Se eu tivesse casado com aquela mulher, eu seria feliz". Mas você é a única pessoa capaz de se proporcionar felicidade. Ninguém consegue promover a felicidade de alguém que vive triste. Quando começamos a assumir a responsabilidade por nossa felicidade e percebemos que é por meio de experiências de crescimento (mesmo as mais dolorosas) que nos tornamos pessoas felizes, então estamos muito perto de alcançar esse objetivo.

Outra falsa promessa de felicidade é o que costumo chamar de "agonia dos saudosistas". Trata-se da aflição de pessoas que estão sempre falando sobre os velhos tempos. Elas não param de falar a respeito do passado, o qual, segundo o discurso delas, sempre foi melhor do que o presente. Só conseguem ver as coisas boas que viveram — nunca se lembram ou tentam se lembrar das coisas ruins pelas quais passaram. Como diz o velho ditado, "quem vive de passado é museu".

Uma última falsa promessa de felicidade é a praga da imunidade aos problemas. Tem muita gente que gostaria de viver numa sociedade onde não houvesse problemas, e vive em função dessa falsa esperança. Essas pessoas dizem: "Quer saber? Se eu não tivesse tantos problemas, seria bem mais feliz". Não, não, nada disso! Os problemas não têm nada a ver com a felicidade. Na verdade, é provável que seja nos períodos de busca mais intensa pelo melhor de seu potencial que você se depara com o maior volume de problemas — e esses serão os momentos mais importantes de sua vida.

Ir além inspira os outros

Poucas pessoas vão além em todas as áreas da vida, mas aquelas que fazem isso inspiram todas as demais. Há algo dentro de nós que vibra ao ver um homem ou uma mulher realizar um ato de heroísmo. O pioneiro, o empreendedor de sucesso e o atleta vitorioso — todos eles nos mostram a capacidade que o espírito humano possui de realizar feitos monumentais quando é devidamente motivado.

Por identificação, compartilhamos essas realizações como se fossem nossas e, assim, encontramos esperança para nossa vida por meio delas. O que precisamos fazer é nos tornar fonte de inspiração para outras pessoas, e a única maneira de alcançar esse objetivo é atirando o boné para o outro lado do muro. Quando os outros nos virem escalando nossas cercas, também começarão a escalar as que se apresentarem diante deles.

No início do século XX, Charles Lindbergh fez o mundo vibrar quando sobrevoou o oceano Atlântico. Ao relatar sua história, ele conta que, ao cruzar os Estados Unidos, o Canadá e a região de Terra Nova (Newfoundland), olhava para baixo tentando localizar lugares nos quais pudesse aterrissar no caso de algum problema. No entanto, a partir de determinado momento, tudo quanto ele podia ver ao olhar para baixo era o oceano. "Foi nesse instante que percebi: não havia como voltar atrás. Não havia lugar para aterrissar". Charles Lindbergh jogou o boné por cima do muro e, por causa disso, hoje é fonte de inspiração para nós. Ele foi além.

Coloque para funcionar

Passemos agora à aplicação prática dessa lição. Como podemos buscar o melhor de nosso potencial para alcançar o sucesso?

Descubra o seu potencial

Mantenha-se sempre perto das pessoas que acreditam em você. As descobertas acontecem quando estamos num ambiente de encorajamento. Encontre alguém que o ajude a descobrir quem você é e aquilo que tem capacidade de realizar.

Faça alguma coisa da qual goste. Fico muito triste ao ver pessoas ocupando cargos e funções nos quais não sentem nenhum prazer, ou vivendo em lugares dos quais não gostam. Se você não gosta do lugar em que mora e não gosta de seu emprego, por que não desiste dele e se muda para um lugar diferente? Descubra seu potencial fazendo alguma coisa da qual goste.

Em seguida, remova aquela sensação de remorso. Enquanto houver esse remorso ("Ah, se eu tivesse ido àquele lugar"; "Ah, se eu tivesse feito isso"; "Ah, se eu tivesse feito aquilo"), você jamais conseguirá descobrir seu potencial verdadeiro, pois estará sempre tentando se justificar por ser o que é.

Dedique seu potencial a Deus

Entregue suas causas ao Senhor. Se ele sabe quais são as suas motivações, ele dispõe do que precisa. Dedique seu potencial a Deus na medida em que faz o melhor que pode para os outros.

Desenvolva seu potencial

Você pode desenvolver seu potencial se começar a aceitar responsabilidades pessoais. Em seguida, perceba como Deus está interessado em seu desenvolvimento. Ele está mais interessado em ver você se desenvolvendo do que nos erros que comete. Deixe seus erros para lá; comece a se desenvolver. Nunca limite seu potencial. Não ouse se menosprezar. Há mais de meio século, Johnny Weismuller era o maior nadador de todos os tempos. Detinha cinqüenta recordes na natação. Hoje em dia, garotas de apenas treze anos de idade nadam mais rápido do que ele toda vez que participam de alguma competição. Não limite o seu potencial.

4

Quem tem visão alcança a vitória

CERTA VEZ, PERGUNTARAM A HELEN Keller se havia algo pior que a cegueira. Ela respondeu na mesma hora: "Enxergar, mas não ter visão". Descobri algo muito interessante: se você pedir a pessoas de sucesso para dizerem o que as ajudou, de fato, a chegar aonde chegaram, elas invariavelmente falarão sobre uma meta, um sonho, uma missão, um propósito, enfim, algo que as motivou ao longo dos anos para se tornarem aquilo que são.

É trágico, mas nossa sociedade está cheia daquilo que eu chamaria de "pessoas banais", gente que só tem olhos para o que é imediato. Essas pessoas só se dispõem a alcançar as coisas tangíveis, aquelas nas quais podem colocar as mãos. Elas só se interessam pelo que é conveniente. Nunca olham além de si e nunca conseguem ter uma visão daquilo que podem se tornar. Uma pessoa banal pode ser um motorista de caminhão, o presidente de um banco ou mesmo uma professora. Pessoas banais podem ser encontradas em todo tipo de profissão.

Uma pessoa banal é, de fato, alguém a quem falta profundidade, pois também lhe falta visão. A pessoa mais pobre do mundo não é aquela que não tem dinheiro; a pessoa mais pobre do mundo é aquela que não tem uma visão. Se você não tem um sonho — um objetivo e um propósito na vida —, jamais se tornará a pessoa que poderia ser.

Há uma diferença bem clara entre as pessoas de sucesso e aquelas que não o alcançaram: as bem-sucedidas são motivadas por um sonho além delas; um sonho maior que elas. Há algo nessas pessoas que as mantém sempre seguindo em frente. Está fora do alcance, mas, ainda assim, elas acreditam que, se trabalharem com empenho suficiente, um dia conseguirão transformar esse sonho em realidade. Aí está uma pessoa de sucesso.

Já os malsucedidos encontram motivação apenas nos acontecimentos de hoje. Não pensam naquilo que pode acontecer amanhã. Não estão olhando para além de si. Agarram-se com unhas e dentes ao presente, e nem mesmo levam em consideração as coisas que o amanhã pode lhes oferecer.

Estágios dos sonhos

Quando você recebe uma visão capaz de mudar sua vida ou se agarra a um sonho que poderia, de fato, ajudá-lo a se tornar o que você deseja ser, esse processo segue uma seqüência natural.

Primeiro vem o estágio da elaboração. É quando um sonho passa rapidamente por sua cabeça. "Será possível? Talvez eu deva mesmo fazer isso. O que acontecerá se eu fizer?" Esse é o estágio da elaboração. Todo mundo passa por esse estágio. É provável que não fiquemos mais de uma semana sem sonhar com alguma coisa. "Será que é mesmo para mim? O que aconteceria se eu tivesse feito isso?".

Passamos do estágio da elaboração para a etapa da visualização. Depois de pensar sobre alguns sonhos que temos e nas visões concedidas por Deus a nós, ficamos entusiasmados e começamos a falar sobre aquele sonho. Passamos a nos ver nele.

Acredito que todo mundo passa por esses primeiros dois estágios. Mas é o estágio número três que faz a diferença entre a pessoa que será bem-sucedida e aquela que não alcançará o sucesso. É o que chamo de "engajamento". Depois de nos vermos dentro daquele sonho, chega um momento no qual precisamos fazer um investimento para torná-lo uma realidade. Nenhum sonho se realiza de modo automático. É preciso se engajar, *comprar* aquela idéia.

A pessoa bem-sucedida passa a esse terceiro estágio e se engaja no sonho, na idéia. Ela decide pagar o preço necessário. Mas, assim como ela toma essa iniciativa, a malsucedida luta contra o sonho, e é nesse estágio que passa a inventar justificativas. Começa a pensar nos motivos pelos quais aquilo não vai funcionar, a razão de não ser possível alcançar o sucesso, e então inicia uma luta contra um sonho que talvez o próprio Deus tenha concedido a ela como uma maneira de levá-la a atingir o melhor de seu potencial.

Aqueles que não alcançarão a realização de seus sonhos param nesse estágio. Eles não se engajam, não *compram* a idéia — pelo contrário, lutam contra ela, e nunca se tornarão aquilo que poderiam ser para Deus.

O quarto estágio é o da perseguição. É a partir dele que o desejo entra em cena: começamos a querer aquilo de tal maneira que passa a tomar conta de todo o nosso ser. Por fim, vem o estágio da conquista, quando posso tocar com as mãos o sonho que foi realizado. É a partir desse momento que tenho condições de dizer: "É meu. Estou feliz por ter me disposto a pagar o preço. Estou satisfeito porque persegui meu sonho".

Eu estava na faculdade quando Robert Kennedy foi assassinado. Lembro-me de como um de meus colegas universitários chegou para me avisar, certa manhã, que Kennedy estava morto. Nos dias que se sucederam ao crime, os jornais publicaram muitas coisas a respeito daquele político norte-americano. Recortei uma citação de Kennedy da qual nunca mais esqueci. Não tenho muita certeza a respeito da autoria, mas era atribuída a ele, e espero que possamos dizer a mesma coisa a nosso respeito: "Algumas pessoas olham para as coisas como são e perguntam 'por quê'; outras olham para as coisas como deveriam ser e perguntam 'por que não?'".

Há pessoas que só conseguem ver as coisas como são; estão sempre batendo a cabeça contra a parede, e tudo o que lhes resta é se render aos analgésicos. Ainda não perceberam uma coisa muito importante: se ficarem na ponta dos pés e espiarem por cima do muro, verão que existe vida além daquele limite. Gente assim vive se lamentando: "Por que isso aconteceu comigo? Por que sou vítima das minhas circunstâncias?". Mas há outras pessoas que aprenderam a olhar além das limitações e barreiras. Elas podem olhar adiante e dizer: "Por que não? Por que isso não pode acontecer comigo?".

Quando Hubert Humphrey morreu, comecei a ler várias coisas sobre a sua vida. Ele escreveu uma carta à esposa em 1935, durante a primeira visita que fizera a Washington D. C. Eis aqui o que ele colocou no papel:

> Posso ver que, se eu e você simplesmente nos dedicarmos e nos conscientizarmos de que podemos trabalhar por causas ainda maiores, pode ser que um dia moremos em Washington e, provavelmente, trabalhemos no governo, na política ou no serviço público. Oh, Deus, espero que meu sonho seja realizado. De qualquer maneira, vou tentar.

Impedido por causa da visão

Vamos analisar o apóstolo Paulo. Acho que um dos ingredientes mais importantes da vida dele era a visão que tinha. Ele não apenas conseguia ver quem era, como também conseguia vislumbrar aquilo que a graça de Deus poderia capacitá-lo a se tornar. Foi aquela visão que o manteve firme durante todo o seu ministério. Em Atos 26:19, quando estava diante do rei Agripa, Paulo declarou: "Assim, rei Agripa, não fui desobediente à visão celestial". Apesar de todos os problemas que havia enfrentado em seu ministério, apesar do que estava para acontecer com ele, Paulo foi fiel ao sonho que Deus lhe tinha concedido.

A visão que o apóstolo recebera do Senhor foi muito importante para ele. Primeiramente, ela o impediu de fazer o que não devia. Se temos um grande sonho, se temos uma visão desafiadora, ela nos impedirá de fazer algo que não promoverá sua realização.

> Numa dessas viagens eu estava indo para Damasco, com autorização e permissão dos chefes dos sacerdotes. Por volta do meio-dia, ó rei, estando eu a caminho, vi uma luz do céu, mais resplandecente que o sol, brilhando ao meu redor e ao redor dos que iam comigo. Todos caímos por terra. Então ouvi uma voz que me dizia em aramaico: "Saulo, Saulo, por que você está me perseguindo? Resistir ao aguilhão só lhe trará dor!" Então perguntei: Quem és tu, Senhor? Respondeu o Senhor: "Sou Jesus, a quem você está perseguindo".
>
> Atos 26:12-15

Nossas visões podem não ser tão poderosas quanto a de Paulo. Poucas pessoas já passaram por uma experiência como a dele na estrada de Damasco. Mas, como ele, se tivermos uma grande visão, ela interromperá nossa caminhada e nos dará um lampejo do potencial que temos a alcançar.

O que aconteceu na vida de Paulo pode acontecer em nossa vida também. Quando fazemos uma introspecção e nos vemos da maneira apropriada, algumas coisas acontecem. Em primeiro lugar, conseguimos discernir em que posição estamos. Podemos ver quem somos, o que estamos fazendo, aonde estamos indo. Esse processo pode ser desencorajador, pois talvez nos leve a pensar: "Não consigo realizar o que gostaria. Não tenho me tornado a pessoa que gostaria de ser".

Mas todos que possuem o potencial para a grandeza devem, antes de qualquer outra coisa, se ver como são — e isso costuma ser desencorajador. Quando Paulo percebeu que estava perseguindo os cristãos, quando viu como suas ações se opunham à realização dos planos de Deus, quando entendeu que estava defendendo os valores errados, não há dúvida de que ele se sentiu desencorajado.

Lembra de quando Isaías teve uma visão de Deus? Essa visão o fez parar. Ele começou a se ver, e o primeiro comentário que fez foi: "Ai de mim!". Na verdade, o que Isaías estava dizendo era: "Puxa vida, estou numa enrascada. Não sou a pessoa que deveria ser. Não sou a pessoa que Deus gostaria que eu me tornasse" (cf. Is 6:5).

Quando recebemos uma visão de Deus e isso nos impede de prosseguir, temos não só a oportunidade de ver em qual posição estamos, como também (felizmente) a chance de compreender nosso potencial. Percebemos as nossas possibilidades. A boa notícia é que Deus acredita em nós. Ele não permitirá que vejamos nossa condição e nossos problemas sem mostrar também o potencial que possuímos para superá-los. Ele não nos frustrará. Deus nos incentivará e ajudará a ver a pessoa que podemos nos tornar. Isaías saiu do "ai de mim!" para: "Eis-me aqui. Envia-me!" (Is 6:8).

Aconteceram cinco coisas com Isaías. Primeiro, ele viu a Deus, e quando isso aconteceu, entendeu que Deus é santo. Aquela visão o surpreendeu. Quando vemos a santidade de Deus, conseguimos perceber a nossa impureza. Segundo, Isaías viu a si mesmo e compreendeu que, assim como Deus era santo e perfeito, ele era carente e imperfeito. Em seguida, ele viu as outras pessoas. Olhou para as multidões que o cercavam.

Isaías viu a Deus, viu a si mesmo e viu os outros, e só então permitiu que o Senhor o transformasse. Naquele momento, um dos serafins pegou uma brasa do altar e colocou sobre a língua de Isaías. Deus o conduziu a um processo de purificação. Em quinto lugar, o profeta começou a ir além. Começou a dizer: "Tudo bem, Deus, permita-me tomar parte nesse sonho. Permita-me alcançar meu objetivo e me tornar aquilo que o senhor deseja que eu seja".

O valor de uma visão é que ela nos encoraja a abrir mão, a qualquer momento, de tudo quanto somos para podermos receber tudo quanto podemos nos tornar. Em outras palavras, uma vez tendo vislumbrado o que Deus pode fazer com sua vida, você não se satisfará mais com aquilo que é neste momento. Também se disporá a abrir mão de qualquer coisa que possa realmente lhe impedir de transformar aquela visão em realidade.

É provável que você recorde momentos em sua vida nos quais isso aconteceu. Lembra-se de quando se apaixonou pela pessoa com quem se casou? De repente, outros representantes do sexo oposto deixaram de ser tão interessantes quanto eram. Você estava disposto a trocar todas as outras opções por aquela única pessoa.

Descobri que fazemos uma entre duas coisas na vida: ou pagamos o preço agora para aproveitar depois, ou aproveitamos agora para pagar o preço mais tarde. Mas você invariavelmente pagará o preço. Sempre fico impressionado ao ver a miopia dos que não estão dispostos a pagar o preço agora. Algumas pessoas são míopes em relação ao corpo. Não estão dispostas a desistir daquelas coisas prazerosas que estão destruindo seu corpo agora, de modo que possam viver mais alguns anos de saúde no futuro.

Outras são míopes em relação às finanças. Não são capazes de abrir mão de nenhum dos luxos de que dispõem atualmente em nome da segurança financeira da qual poderão gozar no futuro. Estão de tal modo envolvidas nos prazeres de hoje que não conseguem discernir a dor à espera delas amanhã. Não estão dispostas a abrir mão de tudo por Deus. Tentam evitar a necessidade de pagar o preço, mas um dia isso terá de acontecer. Você pode pagar o preço hoje e aproveitar a vida amanhã ou aproveitar a vida hoje e pagar o preço (com juros) amanhã. Não dá para evitar as conseqüências dessa escolha.

Sempre fui muito consciencioso a respeito de meus objetivos. Por essa razão, embora eu e Margaret namorássemos desde o Ensino Médio, decidi que não nos casaríamos até eu me formar na faculdade. Enquanto esperava durante todo aquele período, vi muitos de meus amigos se casarem antes de receber o diploma.

Dá para imaginar o que aconteceu com vários deles: as notas caíram, a situação financeira ficou muito complicada e foram tomados de decepção. Mesmo assim, tentavam me incentivar a dar um passo adiante e me casar. Mas lembro-me de pensar assim: "Esses rapazes não estão dispostos a pagar o preço. De minha parte, vou estabelecer meus objetivos e pagar o preço. Chegará o dia em que meu casamento será fantástico e meu ministério dará muitos frutos. Nesse dia, esses rapazes ainda estarão lutando para viver".

Aqueles colegas de faculdade venderam a primogenitura por uma sopa de legumes. Da mesma maneira, podemos aproveitar a vida hoje e pagar o preço amanhã ou pagar o preço hoje e aproveitar os frutos dessa decisão no futuro.

Enviado por causa da visão

Quando Paulo teve uma visão, ela o impediu de prosseguir, mas também o enviou. Seja qual for o sonho concedido por Deus, ele nunca se limita a impedir que continuemos fazendo a coisa errada — também nos envia a fazer a coisa certa. A visão ou o sonho que Deus tem para você lhe permitirá tocar outras vidas. Por isso, Paulo parou, olhou para si, para seu potencial e, em seguida, foi enviado. Depois que a visão o impediu de prosseguir em um caminho que não era o mais adequado, o Senhor, de fato, disse a ele: "Tudo bem, Paulo, você já passou tempo demais nessa introspecção. Agora está na hora de se levantar".

> Agora, levante-se, fique em pé. Eu lhe apareci para constituí-lo servo e testemunha do que você viu a meu respeito e do que lhe mostrarei. Eu o livrarei do seu próprio povo e dos gentios, aos quais eu o envio para abrir-lhes os olhos e convertê-los das trevas para a luz, e do poder de Satanás para Deus, a fim de que recebam o perdão dos pecados e herança entre os que são santificados pela fé em mim.
>
> Atos 26:16-18

Assim como aconteceu com Isaías, quando recebeu a revelação de Deus, a visão de Paulo o ajudaria a tocar outras vidas. Antes de tudo, uma visão exige que passemos a nos ver para, em seguida, podermos ver as pessoas à nossa volta. Ninguém consegue alcançar sucesso na tentativa de realizar o sonho de Deus para a sua vida antes de começar a influenciar a vida daqueles que o cercam de modo positivo.

Trata-se do estágio do engajamento. Pode ser que você já tenha pensado naquele sonho e se visto dentro dele, mas será que já o assumiu? Já tomou a decisão? Essa decisão requer seu envolvimento na vida das pessoas.

Lembro-me de ter lido um artigo, em 1972, na revista *Time*. O título era o seguinte: "A vida de um homem sem arrependimentos". Era sobre um sujeito de 47 anos que, aos 15, estabeleceu 127 metas específicas para sua vida. Quando chegou aos 47, ele já tinha realizado 105 desses objetivos. Ele dizia que ainda tinha o restante da vida para ir além e realizar os outros 22. Aqueles sonhos o fizeram parar e, depois, o levaram à ação. Eles mudaram não apenas a vida daquele homem, como também a das pessoas em volta dele.

Fortalecido por causa da visão

Se a visão que recebemos vem de Deus, ela nos impedirá de seguir a trilha errada, nos enviará pela estrada certa e nos fortalecerá. Ao apresentar-se diante do rei Agripa, Paulo falou sobre alguns dos contratempos que enfrentara (At 26:19-23). O segredo está onde ele afirma que obteve ajuda de Deus. O objetivo o havia fortalecido. Recebemos uma visistação de Deus; em seguida, começamos a perseguir as visões que ele nos dá. Ele nos visita e, quando se aproxima, nos capacitando e fortalecendo, então começamos a tornar realidade a visão que o Senhor nos deu.

Em 2Coríntios 11:23-28, Paulo escreve a respeito de muitos labores e muitas prisões; comenta que foi "açoitado mais severamente e exposto à morte repetidas vezes".

> Cinco vezes recebi dos judeus trinta e nove açoites. Três vezes fui golpeado com varas, uma vez apedrejado, três vezes sofri naufrágio, passei uma noite e um dia exposto à fúria do mar. Estive continuamente viajando de uma parte a outra, enfrentei perigos nos rios, perigos de assaltantes, perigos dos meus compatriotas, perigos dos gentios; perigos na cidade, perigos no deserto, perigos no mar, e perigos dos falsos irmãos. Trabalhei arduamente; muitas vezes fiquei sem dormir, passei fome e sede, e muitas vezes fiquei em jejum; suportei frio e nudez. Além disso, enfrento diariamente uma pressão interior, a saber, a minha preocupação com todas as igrejas.

Veja bem, o que ajudou Paulo a passar por todas aquelas dificuldades? A resposta é muito simples: ele tinha uma visão.

A visão faz toda a diferença do mundo. Qualquer problema fica muito grande quando não há um propósito na vida. Mas não ter problema vira um problema quando há um propósito. Essa é uma grande verdade.

Quando alguém realmente tem um sonho, não se torna uma pessoa que vive em função dos problemas que surgem. Quando um problema aparece, ela também vê um sonho, e o sonho é aquilo que a leva a enfrentar e passar por aquele problema.

Indo além por causa da visão

A visão de Paulo o fez ir além. Ela o ajudou a se tornar aquilo que ele jamais seria se não a recebesse. O mesmo vale para todos nós. Nunca chegaremos ao máximo de nosso potencial, a não ser que sigamos nossos sonhos e procuremos transformar em realidade nossa visão.

Quando eu estava no quarto ano do Ensino Fundamental, fui assistir a um jogo entre times de basquete colegial pela primeira vez. Fiquei na arquibancada superior, olhando para a quadra de basquete lá embaixo, e os jogadores começaram a se preparar para o início da partida. Eles vestiam agasalhos esportivos, e nunca esquecerei o momento no qual todas as luzes foram apagadas e um holofote foi ligado e apontado para o meio da quadra. Um rufar de tambores precedeu o anúncio, com pompa e circunstância, dos jogadores de ambas as equipes.

Em seguida, cada atleta corria para a quadra sob a luz do holofote e o som estrondoso dos aplausos. Depois de todos entrarem, virei-me para meu irmão, Larry, e comentei: "Chegará o dia em que essas pessoas farão o mesmo quando eu entrar na quadra". Depois do jogo, fui para casa e anunciei formalmente minha intenção de me tornar jogador de basquete.

Passei a ser consumido pelo desejo de ser um jogador de basquete. Meu pai cimentou uma parte do terreno da casa, colocou um poste, a tabela e o aro, comprou-me uma bola Spalding e comecei a jogar na escola. Quando passei para o quinto ano, joguei numa liga mirim.

Às vezes, íamos àquele mesmo ginásio do colégio de Ensino Médio para jogar. A primeira vez que entrei na quadra daquele lugar, olhando tudo à minha volta de um modo que só um estudante de quinto ano é capaz, comecei a repassar mentalmente a minha visão. Eu me vi no meio da quadra, entre outros jogadores, antes de começar a partida.

Sentei-me no mesmo lugar onde vira aqueles grandes jogadores do basquete colegial sentarem, e então fechei os olhos como se as luzes do ginásio estivessem sendo desligadas. Ouvi o rufar dos tambores em minha mente; depois corri para o meio da quadra e parei lá, de pé, como os jogadores faziam. Todos os outros garotos ficaram olhando, tentando entender o que estava acontecendo comigo. Eu estava apenas revendo mentalmente o meu sonho.

Nunca esquecerei de quando eu estava no segundo ano do Ensino Médio e o treinador me disse: "Esta noite você vai ser o primeiro a entrar". Então as luzes se apagaram. O sonho me levou além. Fizesse chuva ou sol, eu estava sempre jogando basquete. Sempre me via como a pessoa que poderia me tornar. É isso que uma visão faz por sua vida.

Há uma diferença entre o sonhador e a pessoa que tem um sonho. Sonhadores há no mundo aos milhares, mas existem bem poucos com um sonho — e há uma enorme diferença entre eles. Os sonhadores falam muito, mas fazem pouco. Podem bolar planos mirabolantes e ter grandes idéias, mas você nunca vê nada daquilo colocado em prática. Aos sonhadores falta a disciplina.

Já a pessoa que tem um sonho fala pouco, mas age muito. Pode ser que você nem a ouça falar muito a respeito dele, mas se prestar atenção, verá como ele se concretizará. Esse tipo de pessoa é motivada pelo sonho.

Satisfação garantida

Vamos analisar a quinta coisa que aconteceu com Paulo: sua visão — ou seu sonho — o satisfazia. Quando ele se pôs diante do rei Agripa, o fez com tal sensação de satisfação que disse: "... não fui desobediente à visão celestial" (At 26:19). Ele sentia uma grande satisfação por ter sido obediente, por ter buscado a realização de seu sonho.

Uma das montanhas dos Alpes mais populares entre aqueles que as escalam possui um alojamento mais ou menos no meio do caminho até o topo. Para os amadores, partir da base até chegar no ponto mais alto requer um dia inteiro de escalada. Se começarem bem cedo, logo pela manhã, eles chegam no alojamento para descansar mais ou menos na hora do almoço.

O dono do alojamento percebeu, ao longo dos anos, que um fenômeno interessante ocorria regularmente: quando os escaladores entravam no alojamento, onde podiam sentir o calor do fogo da lareira e o cheirinho de boa comida sendo preparada, muitos deles sempre caíam na tentação. Diziam aos companheiros de escalada: "Quer saber? Acho que vou mesmo ficar esperando aqui enquanto você chega ao topo. Na volta, passe por aqui e desceremos juntos até a base".

Um ar de satisfação toma aquelas pessoas quando elas se sentam perto da lareira ou tocam piano e cantam músicas relacionadas a escaladas. Enquanto isso, o restante do grupo pega os equipamentos e continua até o topo. Durante as horas seguintes, há um ambiente de felicidade em volta da lareira. As pessoas aproveitam para passar um período agradável naquele pequeno e aconchegante alojamento.

Mas, por volta das três e meia da tarde, tudo começa a ficar muito quieto. Quem está no alojamento começa a se revezar na janela, olhando para o topo da montanha. Ficam em silêncio enquanto vêem os amigos atingindo o objetivo. O clima de diversão dentro do alojamento é substituído por uma sensação de luto quando as pessoas se conscientizam de que se contentaram com algo que não era o melhor. Aqueles que se dispuseram a pagar o preço alcançaram o objetivo.

O que aconteceu? O conforto temporário do abrigo os fez perder a visão do propósito que os movia montanha acima. Pode acontecer com qualquer um de nós. Todo mundo tem seu pequeno espaço de abrigo na vida, onde pode desistir da escalada e perder a visão das metas pessoais, não é verdade?

Quais são as pessoas mais felizes do mundo? São as mais jovens? As mais saudáveis? As mais ricas? Não necessariamente. As pessoas mais felizes do mundo são as que transformam sonhos em realidade, e os vivem. Ao se dedicarem a algo maior que elas mesmas, estão se permitindo superar os problemas. Se deseja conhecer a felicidade verdadeira, persiga um sonho maior que você. Descubra alguma coisa à qual possa entregar-se sem reservas. Jesus disse que, se você tentar guardar sua vida, vai perdê-la, e se a perder, então a guardará (Lc 9:24).

Você não acha que existem coisas bem melhores do que ficar assistindo ao mundo girar todos os dias? Não há coisas mais interessantes para se fazer do que esperar todos os anos pela chegada das férias? Acha possível que exista algo melhor do que aguardar pela aposentadoria só para poder jogar o tempo fora? Não dá para fazer algo melhor do que apenas se acomodar à mediocridade? Ficar na média não parece tão bom quando você se conscientiza de que a mediocridade é a pior entre as melhores coisas, e a melhor entre as piores.

Quando aconselho pessoas, vejo que o problema número um que as aflige é o fato de terem perdido a capacidade de sonhar. Elas perderam os seus objetivos e, com eles, seu propósito na vida. Quando se perde um sonho ou o propósito no casamento, o próprio casamento se perde. Quando se perde o propósito no emprego, você acaba perdendo o emprego junto. Quando se perde o propósito em relação à saúde, a pessoa morre.

Pense nos homens e nas mulheres notáveis que continuaram a perseguir seus sonhos até a velhice. Pense em gente como Moisés, que, aos oitenta anos, liderou 3,5 milhões de pessoas que deixaram o cativeiro. Ou Calebe, o qual, com 85 anos, afirmou: "Dê-me, pois, a região montanhosa que [...] o SENHOR me prometeu" (Js 14:6). Ou o *Coronel* Sanders, da rede de lanchonetes KFC, que, aos setenta, descobriu as delícias do frango. Ou Ray Krok, que aprensentou o Big Mac ao público depois dos setenta.

Também temos Casey Stengel, que se tornou gerente do time de beisebol dos Yankees quando tinha 75 anos. Podemos lembrar ainda de Pablo Picasso, que continuou pintando até os 88; e George Washington Carver, o qual se tornou chefe do Departamento de Agricultura dos Estados Unidos aos 81 anos. Thomas Edison inventou o mimeógrafo aos 85, e John Wesley continuou empreendendo viagens em lombo de cavalo e pregando até os 88 anos.

Nunca se contente quando tiver alcançado um objetivo; não descanse sobre os louros. A história está repleta de exemplos de pessoas que, embora tivessem realizado grandes coisas, perderam a visão inicial. Quando Alexandre, o Grande, teve uma visão, conquistou países; ao perdê-la, não conseguia conquistar nem uma garrafa de licor. Quando Davi teve uma visão, foi capaz de derrotar Golias; depois de a perder, não teve forças para derrotar a própria luxúria. Enquanto Sansão teve uma visão, venceu muitas batalhas; mas quando essa visão foi perdida, ele não foi capaz de vencer a batalha contra Dalila.

Quando Salomão teve uma visão, foi o homem mais sábio do mundo; então ele perdeu o sonho que Deus lhe havia concedido, e não podia mais controlar sua paixão maldita por mulheres estrangeiras. Quando Saul teve uma visão, foi capaz de derrotar reis; mas, ao perder a visão, não conseguia vencer o próprio ciúme. Ao ter uma visão, Noé construiu uma arca e ajudou a manter a raça humana nos trilhos; quando a visão se perdeu, ele se embriagou. Quando Elias teve uma visão, foi capaz de orar para que fogo descesse do céu e ainda cortou a cabeça dos falsos profetas; quando perdeu o sonho, teve de fugir de Jezabel. É o sonho que nos mantém jovens. Graças à visão, continuamos em movimento.

Quando fui ao Arizona para participar de uma convenção, há alguns anos, a pessoa encarregada da organização foi até o aeroporto para me receber. A conferência seria na igreja que ele pastoreava. Entramos no carro. Ainda nem havíamos deixado o estacionamento quando ele começou a dizer coisas assim:

> Não tenho muita certeza da razão de você estar aqui. Não sei se você já falou a pessoas mais velhas antes, mas já o ouvi outras vezes, e o considero um entusiasta. Só que o público que verá hoje é formado, em sua maioria, por gente que se aposentou, que trabalhou muito por toda a vida em igrejas do leste do país. Vieram para cá com a intenção de se assentar e aproveitar os últimos anos de vida.

Conforme ele falava, entendi o que tentava me dizer. A mensagem era esta: eu deveria *pegar leve* com as pessoas que iriam me ouvir, talvez apenas dirigir um período devocional com os velhinhos. Aquela atitude, porém, ia contra a minha natureza.

"Esse sujeito não compreende as pessoas", pensei. As pessoas querem ter uma causa; elas precisam de um objetivo na vida. Se você ainda não morreu, deseja algo que justifique a vida, não importa se tem dezoito ou 81 anos de idade.

Assim, durante nosso trajeto até o local da conferência, naquela noite, peguei minha caneta e comecei a reescrever todo o meu sermão. Quanto mais ouvia as coisas que aquele pastor dizia, mais me convencia da necessidade de pregar o contrário do que ele queria. Quando o culto começou, eu já havia desenvolvido o que considerava uma mensagem realmente motivacional para a platéia de idosos.

Subi até o púlpito e disparei toda a minha carga de entusiasmo sobre aquela congregação. Preguei sobre o tema "Para que a aposentadoria quando podemos voltar à ativa?". Falei sobre o potencial que eles tinham, a experiência que acumularam, a sabedoria adquirida e as provas pelas quais tiveram de passar na vida. No fim, eu disse: "Se você deseja voltar à ativa em sua igreja e ajudar a tornar realidade um sonho e uma causa, venha aqui à frente". O lugar estava lotado naquela noite, e cerca de três quartos daqueles idosos foram à frente para dizer: "Sim, senhor, queremos uma causa".

O pastor tentava entender o que tinha acabado de acontecer com suas ovelhas. O problema não era com elas. As ovelhas queriam um sonho; desejavam ter uma causa pela qual valesse a pena viver. Ele havia perdido aquela visão e, por isso, acomodou-se com a mediocridade.

Você se lembra da seqüência dos sonhos que se realizam? Vamos voltar a ela, pois nessa seqüência há um elemento a mais que gostaria de compartilhar com você. O primeiro estágio é o da elaboração, seguido da visão, depois o engajamento, a perseguição e a conquista. Mas ainda há mais um passo se você pretende mesmo ser um grande líder: é necessário seguir adiante e dar o passo número seis, que é o compartilhamento. Nunca viva um sonho sem compartilhá-lo com outras pessoas. Isso se chama "discipulado".

Na edição do inverno de 1983 da revista *Leaderhip* [Liderança], Terry Muck escreveu:

> De acordo com uma pesquisa realizada entre os leitores da revista *Leadership*, transmitir a visão é uma das partes mais frustrantes da liderança numa igreja local. "Trata-se, também, de uma tarefa que os jovens pastores se sentem pouco capacitados a levar adiante. Num amplo estudo realizado em 1982, um grande seminário descobriu que seus ex-alunos se sentiam mal preparados para fazer as pessoas trabalharem juntas em função de um objetivo comum. Ao que parece, apresentar uma visão de tal modo que ela inspire e motive as pessoas é uma grande dificuldade". Uma coisa é certa: líderes que conseguem transmitir seus objetivos de maneira eficaz às pessoas que o seguem são muito melhor recompensados do que aqueles que não procedem dessa maneira.

O segredo é não parar no estágio da conquista, onde o sonho continua sendo só seu; é importante transmitir esse sonho às outras pessoas.

Doze dicas diárias

Analise como está sua vida neste momento. O primeiro passo para transformar seu sonho em realidade é descobrir em que situação você se encontra. Isso exige um auto-exame minucioso.

- *Troque* todas as suas alternativas secundárias por um sonho maior. Todo sonho tem seu preço.

- *Apresente-se* às pessoas de sucesso. É verdadeiro o ditado que diz: "Diga-me com quem andas e te direi quem és".

- *Demonstre* a fé que você tem em seu sonho. Coloque-o no papel ou fale dele com freqüência.

- *Não se surpreeenda* com a oposição que se lenvantará contra seu sonho. Todo crítico que não tem um sonho se oporá ao seu. Infelizmente, há dez críticos para cada pessoa com um sonho. Você jamais conseguirá se livrar deles. A partir do momento que passar a compreender essa realidade, você não permitirá mais que esses críticos sejam um estorvo em sua vida. Lembre-se: quem não sonha não consegue enxergar o seu sonho, por isso o considera impossível. Não dá para se ter aquilo que não se consegue ver.

- *Esforce-se* ao máximo, use toda a sua energia para concretizar o sonho. Vale a pena. Pague o preço.

- *Extraia* todas as lições positivas que puder da vida. Mantenha sempre atenção redobrada em relação a qualquer coisa que possa potencializar aquele sonho.

- *Exclua* as pessoas negativas de sua lista de amigos chegados. Você certamente lidará com gente que pensa negativamente, e não tenha dúvida alguma: muitas dessas pessoas são membros de sua família. Mas se a mentalidade negativa delas o abate — e isso sempre acontece —, não há necessidade nenhuma de dedicar muito tempo a esses relacionamentos. Há pessoas em minha família e na de minha esposa que se notabilizam pela capacidade de abater o espírito das pessoas.

Por isso optamos, em nome do amor que temos aos nossos filhos e a nós mesmos, por não passar muito tempo perto delas. Talvez você precise manter certa distância em relação a essa gente que pensa de modo tão negativo.

- *Ultrapasse* as expectativas naturais para fazer de seu sonho uma realidade. Se a sua disposição de realizar o sonho é séria, terá de fazer aquilo que está além do normal. Sonhos não são realizados quando a energia empregada não passa da média.

- *Demonstre* uma atitude de confiança. Acredito que, se você demonstrar confiança diante das pessoas, também se sentirá mais confiante por dentro. A maneira como agimos externamente influencia o que somos por dentro.

- *Explore* cada via possível para realizar o seu sonho. Não permita que nenhum desvio ou beco sem saída o impeça de seguir a estrada que conduz à concretização do sonho concedido por Deus. Há mais rotas em direção ao topo de uma montanha do que aquela seguindo pelo leste. Dê a volta e tente subir pelo sul. Veja quais são as outras alternativas à sua disposição.

- *Estenda* a mão para ajudar alguém que tenha um sonho igual ao seu, e ambos poderão subir a montanha juntos. Escalada não é um esporte para se praticar sozinho. É um trabalho de equipe. Uma pessoa segura a corda para a outra. Quando seguramos a corda para outra pessoa subir, todos chegam ao topo e os sonhos se tornam realidade.

5

Quanto maior a dificuldade, maior a conquista

Quero mostrar a você alguns princípios retirados da história de Davi e Golias que o ajudarão a enfrentar de maneira mais eficaz os gigantes que surgem na vida. Antes de você prosseguir na leitura, pare e pense por alguns momentos: qual é seu maior problema? Que gigante está no meio do caminho, atrapalhando sua jornada?

Este capítulo tem por objetivo capacitar você a vencer qualquer barreira ou dificuldade que pareça intransponível. Alcançar a vitória exige mais que mero pensamento positivo; o pesnamento positivo não passa de um padrão mental. Ela requer mais que entusiasmo; entusiasmo é apenas um sentimento. A vitória acontece quando pensamos da maneira correta a respeito de nossos problemas, nos sentimos bem em relação a eles e agimos de maneira apropriada para solucioná-los. Precisamos de algo além de uma simples atitude mental positiva.

O pensamento certo

Tempos atrás, li um artigo interessante sobre Karl Wallenda, o grande artista da corda bamba. Ele morreu em 1978, em Porto Rico, depois de cair de uma altura de 23 metros durante uma apresentação. Certa vez, ele disse: "Viver na corda bamba é que é vida de verdade. O resto é expectativa". Ele era movido pela emoção do risco. A esposa de Wallenda, que também era artista do trapézio, fez algumas observações interessantes relacionadas aos acontecimentos que precederam a queda fatal:

> Tudo em que Karl pensava durante os três meses imediatamente anteriores à caminhada que faria na corda bamba era a queda. Foi a primeira vez na vida em que ele pensou nessa possibilidade. E me pareceu que ele concentrou toda a sua energia em não cair, è não em caminhar pela corda bamba.

A senhora Wallenda contou ainda que o marido chegou ao ponto de supervisionar pessoalmente a instalação da corda bamba, certificando-se de que os cabos de segurança estivessem bem fixados. Antes, ele sempre confiava no trabalho de sua equipe.

Ele caminhou pela corda bamba com o medo de cair o tempo todo na mente, e esse pensamento criou uma sensação de insegurança. Sabemos o que aconteceu. Karl Wallenda colocou toda a sua energia na intenção de não cair, e foi exatamente o que aconteceu com ele. Acho que é isso que costuma ocorrer conosco quando estamos diante dos gigantes. Olhamos para os Golias da vida do mesmo modo que o exército de Israel olhou, e nossos pensamentos se concentram no desejo de não sermos derrotados. Era só nisso que os soldados pensavam: em não ser mortos, não ser destruídos. Quando focamos nas armadilhas, em vez de olharmos para o prêmio, geralmente caímos na mesma hora. Nunca devemos nos permitir perder a visão de nosso objetivo, pois é possível que nunca mais voltemos a vislumbrá-lo.

A primeira pedra: confirme sua causa

Como foi que Davi matou Golias? Com um estilingue e uma pedra. Também precisamos de algumas pedras para derrubar os gigantes que nos aparecem.

A pedra número um é a seguinte: confirme sua causa. Esse é o primeira passo que incentivo você a dar. Identifique seu propósito. Qual é a causa que lhe obriga a lidar com os problemas? Ela vale tanto a pena a ponto de consumir sua energia, seu esforço, seu tempo e seu comprometimento pessoal? O risco que você está assumindo vale a pena?

Pode ter certeza de que Davi tinha uma causa pela qual considerava importante lutar. Quando ele chegou ao cenário da batalha, a primeira coisa que encontrou foi o exército de Israel morrendo de medo. A segunda coisa que viu foi Golias, e ele percebeu a razão de os soldados estarem tão temerosos. Davi tinha um problema gigantesco para resolver.

Descobri que as mentes limitadas possuem desejos, mas as mentes notáveis são movidas por causas. Muitos de nós são como Woody Allen, que afirmou: Não importa o que eu faça, gostaria de estar fazendo uma outra coisa qualquer. Conheço um monte de gente com o mesmo tipo de raciocínio! São pessoas que nunca desenvolveram um propósito suficientemente grande a ponto de permanecerem firme nele, ou um compromisso tão sólido que lhes permitisse fazer diferença de fato.

Por trás de todas as grandes realizações há um propósito, não um desejo. Nosso propósito é o que nos impede de desistir. Por trás de toda experiência agradável há um propósito, pois ele coloca tempero na vida, tornando-a mais saborosa e empolgante.

Aqui estão algumas orientações; elas podem ajudar você a compreender e se lembrar do que um senso de propósito é capaz de proporcionar e de como ele é capaz de elevar sua vida para além dos domínios da mediocridade. Um propósito fará você...

- Orar mais que as pessoas comuns.
- Promover a união mais que as pessoas comuns.

- Arriscar-se mais que as pessoas comuns.
- Planejar mais que as pessoas comuns.
- Observar mais que as pessoas comuns.
- Sacrificar mais coisas que as pessoas comuns.
- Esperar mais da vida que as pessoas comuns.

Um propósito fará você dedicar mais tempo à oração. Se o seu propósito é maior que você, é preciso pedir sempre a Deus que lhe conceda sabedoria e força. O poder do Senhor é liberado por meio da oração. Precisamos ver a oração como um modo de tomar posse de algo que Deus está disposto a realizar em nós, e não como um jeito de dobrar a resistência divina.

Ao longo das Escrituras, somos desafiados a clamar por vitória de modo ousado por intermédio da oração: "Clame a mim e eu responderei e lhe direi coisas grandiosas e insondáveis que você não conhece" (Jr 33:3); "E eu farei o que vocês pedirem em meu nome, para que o Pai seja glorificado no Filho. O que vocês pedirem em meu nome, eu farei" (Jo 14:13-14). "Portanto, eu lhes digo: Tudo o que vocês pedirem em oração, creiam que já o receberam, e assim lhes sucederá" (Mc 11:24).

Por meio da oração, temos o poder e o privilégio de ser usados por Deus para a realização de um grande propósito. Os discípulos do primeiro século sabiam como clamar ao nosso Deus onipotente, com fé, pela mudança do curso da história. E nós servimos ao mesmo Deus hoje em dia.

Um propósito permitirá a você promover a união — procurar mais gente que tenha objetivos comuns. Um bom exemplo disso pode ser encontrado no livro de Gênesis, na época da construção da Torre de Babel. O fato de as pessoas estarem unidas em torno de um propósito as capacitou a fazer coisas extraordinárias que nunca tiveram condições de realizar anteriormente.

Um propósito nos desafia a *arriscar* mais. Ficamos ansiosos por nos aproximar mais um pouco da zona de perigo. Queremos chegar mais perto de nossos Golias. Se temos um propósito em mente, planejamos de maneira ainda mais extraordinária para que possamos alcançá-lo. Se a causa é maior que nós mesmos, ela exigirá o uso de nossas melhores habilidades organizacionais. Objetivos não são alcançados por mero acaso.

Um propósito nos torna pessoas muito observadoras. Ele nos aguça a sensibilidade em relação às necessidades que nos cercam. Procuraremos oportunidades para seguir em frente. Ter um propósito nos capacita a fazer sacrifícios além daqueles que o dever exige. Demonstramos disposição para abrir mão de mais coisas. Finalmente, ter um propósito nos permite esperar mais do que normalmente seríamos capazes.

O que estou tentando dizer, de fato, é o seguinte: o propósito faz a diferença entre o comum e o extraordinário. Uma pessoa com um propósito realiza coisas além do comum, acima da média. A personalidade não é suficiente para fazer de alguém uma pessoa extraordinária. Inteligência e educação também não bastam. O que faz uma pessoa ser extraordinária é seu propósito, ou seja, o desejo profundo de realizar algo.

Havia apenas uma razão para Davi desafiar Golias: ele tinha um propósito. O Deus de Israel estava sendo ridicularizado pelos filisteus porque os soldados israelitas tinham medo de lidar com o problema. Será que o Deus em quem criam não era capaz de os ajudar? Quando precisamos enfrentar algum Golias, o que nos faz atacá-lo? Nosso primeiro passo deve ser identificar e analisar nossa causa.

Não faz muito tempo, recortei um artigo sobre um médico que estudara os cuidados com os idosos. Ele descobriu algo interessante: aqueles que viviam mais de cem anos tinham uma coisa em comum. Veja bem, eu esperava ler algo relacionado a dietas balanceadas e programas de exercício físico — assuntos que me deixam pouco à vontade. Mas não era nada disso: aquilo que as pessoas centenárias tinham em comum era o propósito. Todos tinham uma visão positiva da vida. O futuro parecia brilhante; havia uma razão para viver.

A segunda pedra: calcule o custo pessoal

Depois de termos nos certificado de nossa causa, precisamos pegar a segunda pedra com a qual lutaremos contra qualquer Golias: a análise do custo pessoal. O que me custará lidar com esse problema? Quando Deus mede um homem ou uma mulher, ele usa a fita métrica em volta do coração dessa pessoa, e não em torno da cabeça. Davi não só tinha convicção do que queria — ou seja, matar Golias — como também sabia o que precisava para cumprir seu objetivo. Ele conhecia o custo pessoal implicado na questão.

Para derrotar Golias, Davi teve de pagar um preço dobrado. Primeiro, teve de pagar o preço das críticas. Quando resolvesse enfrentar o gigante, ele seria criticado.

> Quando Eliabe, o irmão mais velho, ouviu Davi falando com os soldados, ficou muito irritado com ele e perguntou: "Por que você veio até aqui? Com quem deixou aquelas poucas ovelhas no deserto? Sei que você é presunçoso e que o seu coração é mau; você veio só para ver a batalha."
>
> 1Samuel 17:28

Perceba que a crítica endereçada a Davi veio do próprio irmão. Enquanto seus inimigos riam dele, os amigos e os parentes o criticavam. Diziam coisas do tipo: "Você não deveria estar aqui. É jovem demais e muito inexperiente. Você é muito orgulhoso".

Descobri que, antes de toda grande realização se transformar numa realidade, é preciso acreditar nela de coração. Se precisamos ouvir o aplauso da multidão antes de derrubar nosso Golias, jamais conseguiremos acabar com ele. Precisamos começar a atacar mesmo diante das críticas, acreditando que o reconhecimento virá mais tarde.

Além das críticas, você pode ter certeza de que será vítima de uma certa sensação de solidão. Quero que perceba o seguinte: quando Davi subiu o monte, ele não tinha a companhia de um exército. Os soldados ficaram todos em suas tendas, com os joelhos tremendo de medo. Posso até imaginar a cena — centenas de cabeças espiando pela abertura das tendas, provavelmente prontas para correr na direção oposta depois da destruição de Davi. E posso ver o jovem Davi, firme em seu propósito, subindo o monte sozinho. Da mesma forma, quando você confrontar os Golias de sua vida, não terá a proteção de um exército na retaguarda. Terá de enfretá-los por conta própria.

Quando penso na questão da solidão, lembro de um atleta olímpico. Ele demonstra sua habilidade pessoal diante do mundo todo, que se limita a admirá-lo. Ninguém salta das arquibancadas para correr com ele. Penso em Cristóvão Colombo quando decidiu navegar na direção oeste para chegar à Ásia, acreditando que o mundo era redondo. "Ah, não", todos diziam, "o mundo é plano".

Penso em Henry Ford e na popularização do automóvel. Um de meus antepassados era amigo pessoal de Henry Ford. Certa vez, comentou com o empresário: "Não tenho dúvida alguma de que você pode criar um automóvel, mas depois de fazer isso, onde conseguirá dirigi-lo? Não existem estradas! Não haverá nenhum lugar para se chegar com ele". Esse meu antepassado não percebeu que, se você tem uma idéia tão grandiosa, as pessoas literalmente moverão montanhas para torná-la uma realidade. Mas é preciso ser forte em suas convicções para trabalhar sozinho na concretização de seu sonho.

Toda pessoa incapaz de derrotar um gigante lhe dirá que isso é uma tarefa impossível. Gente assim costuma dizer que coisas desse tipo não acontecem. Por isso, se você se dispuser a enfrentar um Golias, pode ter certeza de que encontrará críticas e sentirá a solidão; faz parte do processo. Davi compreendeu essa realidade.

David Livingstone traçou grandes trilhas para a obra missionária na África. Certa vez, uma sociedade missionária escreveu para ele. A carta dizia: "Temos algumas pessoas que gostariam de se juntar a você. Há alguma via de acesso fácil que possa conduzi-las até onde você está?". O dr. Livingstone enviou uma resposta, na qual dizia: "Se vocês têm homens que só virão se encontrarem boas estradas, não quero nem saber deles. Preciso de homens que venham mesmo não havendo nenhuma estrada para chegar a mim".

Calcule o custo pessoal. Para ser vitorioso na batalha, você terá de pagar um preço. Não dá para derrubar gigantes com facilidade.

A terceira pedra: determine seu roteiro

A terceira pedra da qual você precisa dispor para derrubar seus gigantes é esta: trace sua trajetória. Vamos analisar como Davi determinou seu roteiro em 1Samuel 17:31-40. "As palavras de Davi chegaram aos ouvidos de Saul, que o mandou chamar" (v. 31). Acho que este versículo oferece uma grande lição para nós. A partir do momento que você assume um compromisso com qualquer grande projeto, é certo que passará por um momento de teste. Logo depois de Davi anunciar sua disposição de entrar em confronto com Golias, alguém se propôs a levá-lo até o campo de batalha e apoiá-lo.

Acredito que todas as pessoas que estabelecem um grande objetivo têm consciência dos problemas envolvidos na declaração pública dessa meta. Muitas vezes, quando percebia que Deus estava me convocando para fazer alguma coisa diferente ou difícil, eu passava por uma batalha emocional antes de anunciar publicamente essa tarefa. Sabia que, tendo feito isso, eu me tornaria responsável pelas minhas palavras diante das pessoas. Quando fui chamado para pregar, lutei até os dezessete anos antes de anunciar essa vocação. Tinha noção de que, quando tornasse aquele chamado público, meus amigos e familiares o levariam a sério.

Em 1973, quando ainda era um pregador bem jovem, senti que deveria levar a Deus duzentas pessoas que estavam fora de minha igreja. Lembro-me de dirigir de Chattanooga, no Tennessee, até Lancaster, em Ohio, lutando com Deus durante as oito horas de viagem para saber se deveria tornar público esse objetivo. Eu sabia que, tão logo eu anunciasse tal meta às pessoas, elas prontamente se engajariam naquele esforço.

Anunciei o objetivo e, durante uma semana, bati de porta em porta. Fiz tudo o que se deve fazer para ganhar alguém para o Senhor Jesus Cristo, mas ninguém foi salvo. Na noite de sábado, quando entrei no gabinete da igreja para fazer um estudo bíblico, um amigo que estava do lado de fora me disse:

— Pastor, tenho orado pelo senhor durante a semana toda desde que o ouvi declarar a intenção de ganhar duzentas pessoas para Jesus. Fiquei pensando: quantas almas conseguiu ganhar esta semana?

Lembro de ter respondido:

— Nenhuma. Mas vou ganhar alguém para Jesus até amanhã à noite.

Dei a volta e saí da igreja. Atravessei a cidade inteira disposto a fazer alguma coisa mais drástica para ganhar almas para Jesus, e consegui levar um casal a Deus. Eles foram à igreja na manhã seguinte. Sabe o que aconteceu? A partir do momento que você anuncia publicamente a intenção de enfrentar um Golias, alguém no meio da multidão o ajuda a permanecer firme em seu propósito.

Pouco depois de Davi declarar que lutaria contra Golias, o que as pessoas fizeram? Levaram-no ao rei Saul. Davi disse ao rei: "Ninguém deve ficar com o coração abatido por causa desse filisteu; teu servo irá e lutará com ele" (v. 32). No versículo seguinte, o rei responde a Davi: "Você não tem condições de lutar contra esse filisteu; você é apenas um rapaz, e ele é um guerreiro desde a mocidade".

Quando você se comprometer a realizar um grande projeto, não será testado apenas pelas coisas que disser, mas também terá de lidar com as dúvidas dos outros. Assim que você declarar o que pretende fazer, surgirão pessoas como o rei Saul. Elas dirão que aquilo que você pretende fazer nunca foi tentado antes, e você também será incapaz de realizar tal projeto.

> Davi, entretanto, disse a Saul: "Teu servo toma conta das ovelhas de seu pai. Quando aparece um leão ou um urso e leva uma ovelha do rebanho, eu vou atrás dele, dou-lhe golpes e livro a ovelha de sua boca. Quando se vira contra mim, eu o pego pela juba e lhe dou golpes até matá-lo. Teu servo pôde matar um leão e um urso; esse filisteu incircunciso será como um deles, pois desafiou os exércitos do Deus vivo. O SENHOR que me livrou das garras do leão e das garras do urso me livrará das mãos desse filisteu". Diante disso Saul disse a Davi: "Vá, e que o SENHOR esteja com você". Saul vestiu Davi com sua própria túnica,

> colocou-lhe uma armadura e lhe pôs um capacete de bronze na cabeça. Davi prendeu sua espada sobre a túnica e tentou andar, pois não estava acostumado com aquilo. E disse a Saul: "Não consigo andar com isto, pois não estou acostumado". Então tirou tudo aquilo...
>
> 1Samuel 17:34-49

Quando você assume o compromisso de lutar contra um Golias, a terceira coisa que acontece é esta: as pessoas querem lhe dizer como deve agir. Você se identifica com essa situação? Veja bem, elas expressam suas dúvidas, mas quando percebem que não conseguirão demover você do projeto em que está envolvido, então passam a dar orientações sobre como lidar com a questão. Tentam colocar a armadura em volta de seu corpo. Saul — que não quis enfrentar Golias pessoalmente — estava pronto para dizer a Davi o que deveria fazer para derrotar o inimigo. Você conhece gente assim? A pessoa incapaz de lidar com determinado problema é a mesma que se prontifica a dizer aos outros como resolver a situação.

Como líder, devo dar ouvidos a tudo quanto as pessoas dizem. Não há ninguém que não possa me ensinar alguma coisa. Mas os únicos a quem levo realmente a sério são aqueles que investem em minha causa e estão dispostos a subir o monte comigo. Quando eles me oferecem conselhos, estão colocando suas vidas na linha de frente, junto de mim. Há vários tipos de pessoas dispostas a ficar na retaguarda dizendo como você deve lidar com a situação, mas não se propõem a fazer parte da iniciativa.

Perceba que Davi, ao traçar seu roteiro, estava confiante na estratégia que havia elaborado por causa dos sucessos que alcançara anteriormente. Davi sabia que o Deus presente quando ele enfrentara o urso e o leão era o mesmo Deus que o ajudaria a lutar contra o gigante. O Senhor já o tinha dado livramento antes, e certamente era capaz de fazer aquilo mais uma vez.

Não há como colocar em palavras a importância de se estabelecer um histórico de sucessos. Precisamos alcançar algumas vitórias. São elas que nos tornam mais confiantes. Descobri que as pesoas incapazes de lidar com os problemas são as mesmas que possuem um histórico de fracassos. Elas têm medo dos problemas.

Durante a minha infância, era um menino frágil, que sofria por causa da anemia. Comia fígado de boi o tempo todo — na verdade, comi tanto que passei a gostar —, e tinha de comer um pouco de espinafre em função de meu tratamento. Ainda assim, sempre tive um coração de esportista, e adorava lutar com meu irmão mais velho, que era muito maior do que eu. Empurrávamos todos os móveis da sala até enconstá-los nas paredes (algo de que minha mãe não gostava nem um pouco) e começávamos o combate!

Meu pai não apenas permitia aquela atividade esportiva noturna, como também se dispunha a ser o juiz das lutas. Você já teve oportunidade de ver alguma dessas lutas livres de mentirinha na televisão? Era aquilo que fazíamos todas as noites, com uma diferença: eram lutas de verdade. E adivinha quem levou a pior todas as noites, durante uma semana inteira!

Assim, certa vez, meu pai disse a meu irmão: "Larry, esta semana você não lutará contra Johnny. Será o juiz. Eu lutarei com ele". Toda noite, eu e meu pai lutávamos por quinze ou vinte minutos, e eu sempre ganhava dele. No fim da competição, conseguia derrubá-lo e fazê-lo pedir água. Eu me sentia ótimo! Depois de vencer meu pai durante uma semana, ele disse: "Tudo bem, Larry, você e John voltarão a lutar". E meu irmão nunca mais me derrotou.

Será que fiquei forte demais em apenas uma semana? Nada disso. Fisicamente, eu era mais ou menos a mesma pessoa. No entanto, cresci muito mentalmente. De repente, chegara à seguinte conclusão: se eu era capaz de vencer meu pai, poderia fazer o mesmo com o meu irmão. Papai disse que, na primeira noite, levou quase uma hora para eu derrotar meu irmão. Larry quase conseguiu me vencer, mas eu pensei: "Epa, espere um momento! Eu venci meu pai. Posso derrubar Larry também".

Foi isso que aconteceu com Davi. Em sua mente, ele era um cara durão. Assim, traçou seu roteiro com base nos sucessos que alcançara antes. Isso não quer dizer que devemos lidar com nossos problemas da mesma forma o tempo todo, mas significa que nossa atitude deve ser a mesma.

Vou apresentar no acróstico uma fórmula para ser usada no planejamento das ações quando você estiver em condições de enfrentar os Golias de sua vida.

- **P**redetermine o curso de suas ações.
- **L**iste e exponha seus objetivos.
- **A**juste suas prioridades.
- **N**otifique as pessoas certas e espere até que elas *comprem* a idéia.
- **E**ntre em ação.
- **J**amais se desvie da direção do sucesso.
- **A**guarde os problemas que surgirão.
- **R**evise diariamente seu plano de ação.

A letra "P" está relacionada à predeterminação do curso de suas ações. Decida o que você deseja realizar. Davi sabia muito bem qual era seu objetivo: matar Golias. Ele queria derrotar o gigante para a glória de Deus.

Depois de determinar o curso de suas ações, *liste e exponha seus objetivos*. Pergunte-se: "Como desejo alcançar essa meta?".

Pense no curso de ação como seu guarda-chuva: trata-se de seu propósito principal. Em seguida, estabeleça as metas que capacitarão você a realizar esse propósito. Davi decidiu tirar a armadura oferecida por Saul, pegar um estilingue que já usara antes — uma arma vitoriosa, já bastante testada e aprovada, mostrando-se confiável — e algumas pedras. Cada um desses objetivos precisava ser cumprido antes que sua missão fosse realizada.

Em terceiro lugar, *ajuste as suas prioridades*. Isso é muito importante! Uma vez tendo determinado seu curso de ação e listado suas metas, você descobrirá que prioridades deve descartar por não serem eficazes. Você terá de dispensar a armadura de Saul, seja ela qual for, e lançar mão daquilo que é realmente necessário.

A letra "N" tem a ver com a *notificação*, ou seja, o aviso que você deve fazer a pessoas estratégicas. Davi também fez isso, não foi? Quando esteve na presença do rei Saul, disse: "Aqui está o que vai acontecer; aqui está o que vou fazer". É preciso também dar tempo a elas para que elas *comprem* seu projeto e se engajem nele. Depois de determinar seu curso de ação, expor seus objetivos, ajustar as prioridades pessoais e avisar as pessoes certas, é preciso esperar até que elas se engajem. Quer saber o motivo? Porque o mundo não está acostumado a derrotar gigantes.

Quanto mais difícil for o projeto, mais tempo leva para as pessoas o aceitarem. Se, em sua liderança, você está percebendo não ser necessário muito tempo para que os outros aceitem seus objetivos, pode ser porque suas metas são modestas demais. Está na hora de dar passos mais largos, elaborar planos mais ousados, enfrentar gigantes maiores.

Entre em ação. Isso vem logo depois de esperar pela aceitação das pessoas. Algumas delas nunca derrotam os Golias da vida porque pensam da seguinte maneira: aguardar pela aprovação dos outros significa esperar por um consenso. Essas pessoas acham que precisam da aprovação de todos para colocar seu plano em ação. Você jamais derrotará gigantes em sua vida se esperar por apoio total e irrestrito. Dê um tempo para as pessoas compreenderem e aceitarem o que planeja fazer, mas não espere pela aprovação de todas elas. Pode até ser que não aprovem seu plano, mas permita que o assimilem. Em seguida, entre em ação.

Jamais se desvie da direção do sucesso. Sempre haverá pessoas mandando seguir em outra direção, tentando levar você pela trajetória do fracasso. Por isso, mantenha seus olhos focados no sucesso.

A letra "A" serve para nos lembrar do seguinte: *devemos aguardar os problemas que surgirão.* Quanto maior o projeto, maiores serão as dificuldades. É sempre assim que funciona. Se você está encontrando facilidade para alcançar seu objetivo, é possível que ele não seja tão grande quanto parece. Não permita que os problemas o peguem de surpresa; espere por eles. Certa vez, encontrei um amigo que trabalha em construção civil para tomarmos um café da manhã. Ele fez uma declaração da qual jamais me esquecerei: "Ganhei meu dinheiro, apesar de todos os problemas que as pessoas me causaram". E ele ganhou muito dinheiro mesmo! Aquele homem estava disposto a lidar com aquilo que ninguém mais seria capaz. Ele se esforçou para resolver as coisas que os outros evitavam por se intimidarem.

Revise diariamente seu plano de ação. Confira todos os dias em que posição você está. Os gigantes se movimentam em volta do monte, e o que você fez ontem para matar um deles pode não funcionar bem hoje.

A quarta pedra: pense em Cristo

Vamos passar para a quarta pedra que devemos pegar se queremos matar os gigantes que aparecem em nossa vida: lembre-se de Cristo. Davi não subiu para lutar contra Golias sozinho. Ele pensou em seu Cristo.

> Enquanto isso, o filisteu, com seu escudeiro à frente, vinha se aproximando de Davi. Olhou para Davi com desprezo, viu que era só um rapaz, ruivo e de boa aparência, e fez pouco caso dele. Disse ele a Davi: "Por acaso sou um cão, para que você venha contra mim com pedaços de pau?" E o filisteu amaldiçoou Davi, invocando seus deuses, e disse: "Venha aqui, e darei sua carne às aves do céu e aos animais do campo!".
>
> 1Samuel 17:41-44

Aí está um exemplo de pensamento positivo. Golias disse: "Venha até aqui, quero fazer picadinho de você". Mas há uma diferença entre pensamento positivo e fé positiva, e no versículo 45 podemos perceber essa distinção.

> Davi, porém, disse ao filisteu: "Você vem contra mim com espada, com lança e com dardos, mas eu vou contra você em nome do SENHOR dos Exércitos, o Deus dos exércitos de Israel, a quem você desafiou. Hoje mesmo o SENHOR o entregará nas minhas mãos, eu o matarei e cortarei a sua cabeça. Hoje mesmo darei os cadáveres do exército filisteu às aves do céu e aos animais selvagens, e toda a terra saberá que há Deus em Israel. Todos os que estão aqui saberão que não é por espada ou por lança que o SENHOR concede vitória; pois a batalha é do SENHOR, e ele entregará todos vocês em nossas mãos".
>
> 1Samuel 17:45-47

Esta é a diferença entre pensamento positivo e fé positiva. Paulo fez aquela grande declaração: "Tudo posso naquele que me fortalece" (Fp 4:13). Esse versículo inclui quatro elementos positivos. O "posso" é o pensamento positivo. Quando Paulo diz: "Posso [fazer]", trata-se também de ação positiva. Se o pensamento positivo estiver correto, ele resultará numa ação positiva. Quando afirma: "Tudo posso...", Paulo está falando com fé positiva. Uma pessoa menos confiante poderia dizer: "Posso fazer algumas coisas", mas Paulo crê ser capaz de fazer todas as coisas.

Ele também tinha poder positivo. "Tudo posso naquele que me fortalece", ou seja, ele estava falando de Cristo. Quando avaliamos nossas possibilidades, devemos fazê-lo não em função do que vemos em nós, mas daquilo que vemos Deus realizando em nossa vida. Nosso Deus é "capaz de fazer infinitamente mais do que tudo o que pedimos ou pensamos, de acordo com o seu poder que atua em nós" (Ef 3:20). Não podemos sequer imaginar as coisas que o Senhor deseja fazer por nosso intermédio.

A QUINTA PEDRA: ENFRENTE O SEU DESAFIO

Se você deseja ser eficaz, enfrente seu desafio. Vá em frente! Davi aproveitou sua chance para entrar em ação.

> Quando o filisteu começou a vir na direção de Davi, este correu para a linha de batalha para enfrentá-lo. Tirando uma pedra de seu alforje, arremessou-a com a atiradeira e atingiu o filisteu na testa, de tal modo que ela ficou encravada, e ele caiu, dando com o rosto no chão. Assim Davi venceu o filisteu com uma atiradeira e uma pedra; sem espada na mão, derrubou o filisteu e o matou. Davi correu, pôs os pés sobre ele, e, desembainhando a espada do filisteu, acabou de matá-lo, cortando-lhe a cabeça com ela. Quando os filisteus viram que o seu guerreiro estava morto, recuaram e fugiram. Então os homens de Israel e de Judá deram o grito de guerra e perseguiram os filisteus...
>
> 1Samuel 17:48-52a

Considero o último versículo a chave para compreender toda a história. A razão pela qual precisamos matar os gigantes que aparecem em nossa vida é a seguinte: aqueles que estão sob nossa liderança nunca derrotarão os gigantes que precisam enfrentar enquanto não vencermos primeiro aqueles que surgem diante de nós. Quando foi que o povo começou a dar gritos de guerra? Quando passou a perseguir os filisteus? Os soldados de Israel e Judá só fizeram isso depois de Davi matar Golias. Quando os líderes fracassam no dever de resolver seus problemas, as pessoas que os seguem nunca se tornam vitoriosas.

Este é o principal problema na liderança. Há muita gente ocupando posição de liderança, mas elas nunca alcançam o sucesso por não conseguirem enfrentar os problemas de frente. Se essas pessoas não se dispõem a combater seus gigantes, se não se sentem vitoriosas, aqueles que as seguem também não se sentirão. Quando o líder fracassa, o povo fracassa. Quando o líder teme, o povo teme também.

Por todos os cantos vejo congregações que tentam sobreviver em meio a grandes problemas porque não sabem como lidar com eles. Não sabem como derrubar um gigante porque nunca viram seu pastor fazer isso. Pense em como o povo se sentiria bem melhor se nos tornássemos matadores de gigantes. Imagine o que isso faria à fé dessas pessoas.

O principal problema na igreja é que não estamos vendo os milagres; não conseguimos ver Deus operando. Pensamos nos milagres, assim como nas vitórias, como eventos históricos. Precisamos orar para que Deus coloque diante de nós uma barreira aparentemente intransponível para que assim o povo testemunhe o poder do Senhor em ação em nossa vida na hora de derrotar os gigantes.

Minha primeira igreja ficava numa área rural do estado de Indiana. Decidimos reunir trezentas pessoas na escola dominical.

Mike, um membro sincero daquela congregação, estava convencido de que aquilo não seria possível. Certo domingo, ele ficou de pé durante o culto da manhã e disse:

— Pastor, não somos capazes de fazer isso.

Mike era sincero. Tinha um coração amoroso e puro como o ouro, mas sua mente ainda era limitada naquela época. Lembro-me de ter olhado para ele com um sorriso, dizendo:

— Mike, se fizermos isso, você seria capaz de levantar de novo, pedir desculpas e dizer à congregação que nunca mais voltará a pensar de modo tão limitado?

Era uma coisa bem ousada para um jovem de 24 anos dizer, mas Mike não se sentiu ofendido, e disse que o faria. No dia em que 301 pessoas participaram da escola dominical, Mike se levantou com lágrimas correndo pela face e disse a toda a congregação:

— Nunca mais voltarei a pensar de modo tão limitado.

Fiz algo por Mike naquele dia. Foi maravilhoso ter 301 pessoas na escola dominical, mas, para Mike, foi ainda mais importante desobstruir sua mentalidade. Um de seus gigantes acabara de ser derrotado.

Em 1954, alguns artigos escritos por médicos diziam que o corpo humano não seria capaz de corrrer uma milha em quatro minutos. Diziam que, fisicamente, o corpo não era capaz de resistir a tanto esforço. E o que aconteceu? Em 1954, Roger Bannister, um jovem estudante de medicina, saiu e correu uma milha em menos de quatro minutos. Hoje em dia, qualquer corredor que deseje algum tipo de reconhecimento como atleta precisa fazer uma milha em menos de quatro minutos. Entre 1954 e 1956, 213 homens correram uma milha em menos de quatro minutos — e tudo porque uma pessoa quebrou a barreira primeiro.

Nos Jogos Olímpicos de 1900, Irving Baxter, do salto em altura, alcançou a marca de um metro e noventa. As pessoas diziam ser impossível ultrapassar a barreira dos dois metros. Ninguém jamais conseguiria fazê-lo, elas pensavam. Foi então que um sujeito cujo nome era Fosbury percebeu algo muito interessante: os atletas do salto em altura estavam pulando do jeito errado. Eles não deveriam jogar os pés por cima da marca primeiro, mas passar a cabeça antes, e só depois o restante do corpo.

Todas as outras pessoas riram e o ridicularizaram enquanto ele treinava uma maneira nada ortodoxa de saltar. Os críticos apelidaram seu método de "fiasco de Fosbury". Acontece que ele saltou acima de dois metros. Depois disso, as pessoas já saltaram ainda mais alto.

Voltando ao ano de 1956, quatro metros e meio era considerado o limite para um bom salto com vara. Foi então que alguém descobriu como o uso de uma vara de fibra de vidro era capaz de proporcionar um pouco mais de impulso ascendente do que as convencionais. Hoje em dia, os atletas podem saltar quase seis metros com facilidade. Talvez chegue a época em que sete metros passe a ser o recorde. Por quê? Porque alguém quebrou o recorde um dia. Um gigante foi derrotado, de modo que todas as outras pessoas decidiram enfrentar os seus.

É isso que pode acontecer todos os dias de sua vida. Não importa qual é o tipo de ministério que você esteja envolvido — a partir do momento que começar a derrubar esses gigantes, as pessoas dirão: "Podemos fazer isso também!". E irão mais além. É como se elas tivessem recebido permissão para exceder os limites. Elas ganham confiança.

Que lições aprendemos do encontro de Davi com Golias?

- *Podemos fracassar, mas não por causa dos grandes problemas, e sim por causa da limitação de nossos propósitos.* Nossos fracassos não são causados por gigantes. Os Golias da vida não são capazes de nos derrotar; apenas a limitação dos propósitos pode fazê-lo.

- *Geralmente temos de enfrentar os Golias por conta própria.* Não espere que uma multidão se reúna à sua volta, balançando estandartes e lhe dando tapinhas nas costas. Quem se aventura primeiro, se aventura sozinho.

- *Pequenos sucessos levam a sucessos maiores.* Comece a formar um histórico de vitórias sobre problemas pequenos da vida. Faça de cada dia uma vitória pessoal sobre alguma coisa e registre esses sucessos.

- *Para a maioria das pessoas, o sucesso só chega depois de outra pessoa realizar o que antes parecia impossível.* O exército de Israel só conseguiu derrotar os filisteus depois de Davi vencer o gigante. Ajude outra pessoa a ser bem-sucedida — derrube um gigante. Lembre-se: quanto maior a dificuldade, maior a conquista.

O que você diria que aprendeu da história de Davi e Golias? O que conseguiu depreender que pode fazer diferença quando você estiver diante dos gigantes de sua vida? Dedique alguns minutos para pensar nas coisas que acabou de aprender. Em seguida, vá em frente e encare seus gigantes!

6

Veja, verbalize, tome posse!

HÁ TRÊS NÍVEIS DE VIDA. O primeiro é o da visão, que é o mais básico. Qualquer pessoa é capaz de viver nesse nível. Todo mundo tem a oportunidade de ver as coisas. Entenda, quando falo em "visão", não estou me referindo à acuidade visual; estou falando da possibilidade proporcionada pela fé. Algumas pessoas possuem uma visão muito acurada, mas não conseguem enxergar as oportunidades que se apresentam diante delas.

Em minha igreja em Ohio havia um homem que era considerado um grande caçador. Às vezes, íamos juntos de carro até Columbus, numa viagem de aproximadamente quarenta quilômetros. Conforme pegávamos a auto-estrada, ele costumava dizer coisas deste tipo: "Você viu aquela marmota?" Não, eu não tinha visto a marmota. "Você viu aquele coelho?" Não, eu não tinha visto o coelho. "Você viu aquele pato?". Não, eu também não tinha visto o pato.

Durante todo o trajeto até chegarmos a Columbus, ele era capaz de encontrar uns dez bichos, enquanto eu não conseguia enxergar nada além da auto-estrada. Todos aqueles animais estavam ali, dentro de meu campo de visão, mas eu não os via porque não fora treinado para procurá-los e encontrá-los. O nível da visão na vida é uma oportunidade para colocar a fé em prática. Todas as pessoas podem olhar para algo a partir do mesmo ponto de vista e, mesmo assim, não ver a mesma coisa.

O segundo nível é o da verbalização; é o que chamo de "universo da fé". Quando vemos, temos a oportunidade de exercitar a fé; quando verbalizamos, entramos no universo da fé. A partir desse ponto, começamos a nos comprometer verbalmente com aquilo que se apoderou de nossa visão. A Bíblia é cheia de exemplos de fé verbalizada. A Palavra de Deus nos ensina: "Se você confessar com a sua boca que Jesus é Senhor e crer em seu coração que Deus o ressuscitou dentre os mortos, será salvo" (Rm 10:9).

Em seguida, chegamos ao nível da posse. É nesse nível que a fé se transforma em ação. É muito mais do que simples verborragia; é muito mais do que visão — trata-se de uma ação vital dentro do coração.

Considerando que todas as pessoas começam pelo nível 1 (o nível da visão), todos nós temos a chance de agarrar as oportunidades proporcionadas pela fé. No entanto, conforme galgamos outros níveis, cada vez menos pessoas nos acompanham nessa escalada. Ao chegar no estágio da posse, que é o da ação, você perceberá como faz parte de um grupo privilegiado, pois a maioria nunca chega a esse patamar. Elas deixaram de aproveitar as oportunidades que a fé proporcionou e não agiram quando a vida deu chance.

O exemplo de Calebe

Há um exemplo bíblico de alguém que chegou ao nível da posse, e o nome dele é Calebe. Analisaremos a história de Calebe 45 anos depois de ele fazer o trabalho de espionagem na terra de Canaã, de onde voltou trazendo um relatório muito bom. Agora o povo de Israel já está no processo de conquista e posse da terra. Em Josué 14, vemos Calebe conversando com os anciãos, ou seja, aqueles que estavam em cargos de liderança. "... eu tinha quarenta anos quando Moisés, servo do Senhor, enviou-me de

Cades-Barnéia para espionar a terra" (v. 7). Esse é o estágio da visão. Calebe tinha visto a terra. Em seguida, ele comenta: "Eu lhe dei um relatório digno de confiança..." (v. 7). Aqui temos o estágio da verbalização.

A visão começou a tomar conta dele. Ela não só entrou em sua mente por intermédio dos olhos, como também entrou no seu coração. Ele passou a sentir aquilo que tinha visto. "Dê-me, pois, a região montanhosa que naquela ocasião o SENHOR me prometeu. Na época, você ficou sabendo que os enaquins lá viviam com suas cidades grandes e fortificadas; mas, se o SENHOR estiver comigo, eu os expulsarei de lá, como ele prometeu" (v. 12).

Vendo o compromisso que Calebe manteve com a visão que abraçara, mesmo 45 anos depois, Josué entregou a ele a terra. Calebe tomou posse daquilo que disse ter visto. E ele não foi o único a fazer isso nas páginas das Escrituras. Descobri que a maioria dos grandes homens de Deus passou por esses três estágios antes de ter sua visão transformada em realidade.

VISÃO, OPORTUNIDADE PARA EXERCITAR A FÉ

Vamos começar analisando o estágio da visão na vida de alguns dos grandes líderes citados na Bíblia.

Moisés

Moisés é um exemplo clássico de líder que enxergou a oportunidade de colocar a fé em prática. Quando vejo a vida daquele homem da mesma maneira que o autor de Hebreus, fico impressionado com o fato de ele ter sido motivado por sua visão.

> Pela fé Moisés, já adulto, recusou ser chamado filho da filha do faraó, preferindo ser maltratado com o povo de Deus a desfrutar

> os prazeres do pecado durante algum tempo. Por amor de Cristo, considerou sua desonra uma riqueza maior do que os tesouros do Egito, porque contemplava a sua recompensa. Pela fé saiu do Egito, não temendo a ira do rei, e perseverou, porque via aquele que é invisível.
>
> Hebreus 11:24-27

Moisés era um grande líder de visão; um visionário notável. Quero chamar a atenção do leitor para quatro coisas realizadas por Moisés por causa da visão que ele tinha. Em primeiro lugar, essa visão o ajudou a tomar decisões importantes. Ele se recusou a ser chamado de "o filho da filha do faraó". Não foi uma decisão muito fácil. Afinal, ele estava abrindo mão de sua posição de nobreza; estava dispensando todos os prazeres que o Egito poderia lhe proporcionar. Ele foi capaz de tomar uma decisão dessa envergadura porque viu o grande chamado que havia recebido. Ele foi motivado por uma visão ainda maior.

A segunda coisa que Moisés conseguiu fazer graças à visão que tinha foi demonstrar disposição de pagar o preço. O preço foi receber, com o povo de Deus, um tratamento cruel interminável, ao invés de aproveitar os prazeres passageiros do pecado. Ele resistiu em vez de aproveitar porque tinha uma visão.

Terceiro, a visão de Moisés o ajudou a viver em função do eterno e não do temporário. Pelo fato de ter uma visão, ele não tinha de viver apenas para resolver o hoje — podia viver pensando no amanhã. Ele considerava a repreensão de Deus mais valiosa do que os tesouros do Egito. E sabe por qual motivo? Porque os tesouros do Egito faziam parte do presente, mas Moisés vislumbrava uma recompensa futura. Ele não dispunha dessa recompensa; ela não se encontrava ao alcance de suas mãos, ao contrário dos prazeres e tesouros do Egito, todos à sua disposição. Pelo fato de ser um visionário, Moisés viveu pensando no amanhã, em vez de só se preocupar com o hoje.

Em quarto lugar, a visão de Moisés o ajudou a superar o medo. Pela fé, ele deixou o Egito sem temer a ira do rei.

Descobri que ter uma visão pode fazer por nós o mesmo que fez na vida de Moisés. Ela nos ajudará a tomar decisões difíceis. As pessoas incapazes de tomar decisões difíceis podem ficar na dúvida quando se vêem diante de várias opções. O que as impede de escolher o que há de melhor é o fato de não terem um propósito, uma visão.

Uma visão nos ajudará a pagar o preço. Ela fornece a motivação de que precisamos para abrir mão de coisas boas agora com o objetivo de alcançar coisas ainda melhores no futuro. Ter uma visão também nos auxilia na hora de vencer o medo. Ela evita que os monstros nos imobilizem, e assim nos tornamos capazes até de mover montanhas.

Calebe

Já fizemos uma breve análise a respeito de Calebe, mas vejamos agora até que ponto a visão que ele tinha foi capaz de conduzi-lo. Primeiramente, ela o ajudou a desenvolver sua convicção. Ele afirma, em Josué 14:7, que, quando viu a terra, disse a Moisés que seu coração já havia tomado posse dela. A visão de Calebe deu-lhe convicção. Ele era capaz de manter sua opinião contrária à dos outros espiões para tornar sua visão uma realidade.

A visão de Calebe o ajudou a obedecer a Deus. O coração das outras pessoas começou a derreter de tanto medo, mas Calebe disse: "Eu, porém, fui inteiramente fiel ao SENHOR, o meu Deus" (Js 14:8). Sabe por que ele foi capaz de fazer isso? Porque tinha uma visão. Essa visão o ajudou a manter o vigor da juventude. Todo mundo já ouviu falar de vitamina B e vitamina C, mas a melhor vitamina que se pode tomar é a vitamina V, a vitamina da visão. Quando as pessoas tomam vitamina V, são revigoradas diariamente. A idade nunca se torna um problema, pois elas continuam mantendo um alvo, não deixam de sonhar e a visão delas também permanece. Aos 85 anos de idade, Calebe estava pronto para ir à guerra por causa da terra. Não estava abatido; continuava forte. Quer saber a fonte de tanto vigor? Ele tomava vitamina V. Tinha uma visão.

A visão de Calebe o ajudou a assegurar a posse da terra. Ele, de fato, veio a se apossar dela porque, antes de qualquer coisa, a tinha visto. Encontro com freqüência pessoas submergindo nos problemas da vida. Na verdade, os problemas enfrentados por elas não são os responsáveis pelo peso que as faz afundar, e sim a falta de visão. Uma grande visão ajuda a superar qualquer tipo de problema; mas uma visão limitada, ou até mesmo a falta de visão, permitirá que o menor dos problemas seja suficiente para derrubar você, impedindo-o que se transforme naquilo que deve ser.

Abrão

O pré-requisito para tomar posse de um novo território é ter visão. A história de Abrão e Ló fornece um ótimo exemplo. Quando eles se separaram, Abrão ofereceu a Ló a prioridade na escolha da terra. Ló ficou com as planícies do Jordão, onde havia muita água. Abrão ficou com o que sobrara, uma terra supostamente de segunda categoria. "Disse o SENHOR a Abrão, depois que Ló separou-se dele: 'De onde você está, olhe para o norte, para o sul, para o leste e para o oeste: toda a terra que você está vendo darei a você e à sua descendência para sempre" (Gn 13:14-15).

Abrão foi incentivado a fazer três coisas. Primeiro, Deus disse: "De onde você está". Em seguida, ele falou: "Olhe". Entenda bem: isso é bem mais complexo do que parece. Deus estava dizendo a Abrão que todas as oportunidades para se tornar um sucesso podiam ser vislumbradas a partir do local exato onde ele estava. O comentarista de alguma emissora de TV que estivesse fazendo a cobertura daquele acordo teria seguido Ló na direção das planícies bem servidas de água do Jordão, pois, aparentemente, Ló tinha ficado com a melhor parte. Acontece que Deus orientou Abrão a olhar além daquilo que parecia mais bonito, viçoso, cheio de verde e frutífero para ver as coisas do ponto no qual ele estava. O Senhor disse a Abrão para enxergar as oportunidades que se apresentavam diante dele.

É muito comum querermos ficar com um espaço que pertence a outra pessoa. Desejamos tomar conta de uma montanha que não é nossa e olhar em volta para ver a grama verdinha. Mas Deus estava dizendo a Abrão: "Não há necessidade de sair correndo para chegar ao lugar onde Ló está. Fique e dê uma boa olhada. Há oportunidades a serem aproveitadas aqui mesmo". A boa notícia é que há ouro sob nossos pés seja qual for o lugar onde estivermos, independentemente de qual seja nosso quinhão nessa vida. Tudo quanto você precisa fazer é ver e acreditar.

A terceira coisa que Deus falou a Abrão foi: "Olhe em todas as direções". Não acho que tenha sido por acaso que o Senhor orientou Abrão a olhar para o norte, o sul, o leste e o oeste. Deixar de olhar para uma dessas direções significava deixar de tomar posse dela. Deus teve de dizer aquilo porque algumas áreas no campo de visão de Abrão não pareciam tão promissoras. Se Deus tivesse dito: "Quero lhe dar a melhor terra", é possível que Abrão nem mesmo olhasse para algumas daquelas áreas, pois ele conhecia a terra muito bem.

A visão sempre vem antes da vitória. Tiago afirmou: "Vocês [...] não têm, porque não pedem" (4:2). Seria possível deixarmos de ter algumas coisas por não as vermos também? Eu e minha esposa sabemos muito bem o que é levar nosso filho Joel para dentro de qualquer loja. Ele é um pequeno Abrão. Aquele sujeitinho é capaz de entrar em qualquer loja e vislumbrar oportunidades. Há poucas peças à venda para as quais ele não saberia encontrar uma utilidade. Seja numa loja de brinquedos ou de tecidos, ele nunca deixa de encontrar alguma coisa da qual precisa desesperadamente e acha que deveria ter. Joel está sempre pronto para ir além e tomar posse da terra. Nós preferimos tomar posse dele e colocá-lo no banco de trás do carro, pois só desejamos obter as coisas que vemos. A questão é a seguinte: para ter alguma coisa, é preciso vê-la em primeiro lugar.

Concentre sua visão

Há quatro áreas sobre as quais precisamos ajustar nossa visão. Em primeiro lugar, será que me vejo da maneira correta? Como podemos nos ver de uma forma precisa? Dedique tempo à oração e à meditação. Veja que problemas costumam se repetir em sua vida. Que tipo de dificuldades são, e quando elas ocorrem? Se os seus problemas são de natureza similar e ocorrem durante os mesmos tipos de situação, é porque você nunca cuidou, de fato, da causa.

Faça algumas perguntas a si: "Que tipo de circunstância me faz demonstrar uma intensa emoção, seja ela positiva ou negativa? Com qual tipo de pessoa costumo gastar meu tempo? Que dons espirituais possuo? Será que os estou exercitando? De que maneira estou vivendo? Considero o conhecimento que possuo a respeito de Deus?". Se há áreas nas quais você está sentindo certa frustração, tente identificar as razões.

A segunda coisa que precisamos ver são nossos *desejos interiores*. Se você pudesse ser qualquer pessoa que desejasse e fazer qualquer coisa que quisesse, quem seria e o que faria? O que proporciona alegria verdadeira a você? Se você pode responder a essa pergunta, então identificou seus desejos interiores. Saber disso lhe ajudará a alcançar o melhor de seu potencial.

Precisamos verificar de que *recursos* dispomos, tanto internos quanto externos. Quais são os seus pontos mais fortes? Há alguma coisa capaz de o ajudar a tomar posse da terra? Você se cerca de gente que oferece apoio? Usa experiências do passado a seu favor? Tira proveito das oportunidades quando elas se apresentam?

Quarto, devemos ter uma *visão bem clara a respeito de nosso Deus*. Precisamos vê-lo como o Deus "capaz de fazer infinitamente mais do que tudo o que pedimos ou pensamos, de acordo com o seu poder que atua em nós..." (Ef 3:120).

Verbalização, a palavra de fé

Em Hebreus 11 há uma lista de exemplos de fé em ação. Aqueles que possuíam esse tipo de fé estão descritos no versículo 13:

> Todos estes viveram pela fé, e morreram sem receber o que tinha sido prometido; viram-no de longe e de longe o saudaram, reconhecendo que eram estrangeiros e peregrinos na terra.

Em primeiro lugar, eles *viram* as promessas — trata-se da fé no nível da visão. Em seguida, reconheceram (ou disseram) que eram estrangeiros e peregrinos — trata-se da fé no nível da verbalização.

Os passos da verbalização

Há quatro etapas que nos habilitam a assumir uma fé no nível da verbalização. Como fazer da fé interior uma confissão exterior? Primeiro, é preciso que a pessoa tenha a confiança de que está falando do que acredita. Muitos sonhos grandiosos desvanecem porque falta aos sonhadores a confiança necessária para declará-los. Toda vez que nos sentimos inseguros em relação a nós mesmos ou aos nossos projetos, costumamos ficar em silêncio. Não verbalizamos porque queremos evitar passar por algum tipo de constrangimento.

Verbalizar exige compromisso. Muitos sonhos grandiosos desvanecem porque falta aos sonhadores o compromisso necessário para declará-los. Outras pessoas não são capazes de seguir as esperanças que temos; elas seguem o compromisso que vêem em nós. O que faz as pessoas nos seguirem é ver o sonho que nos consome e o compromisso que nos leva a agir. O compromisso é contagioso. As pessoas só serão conquistadas por aquilo que conquistou você.

O terceiro passo para a fé verbalizada é a boa comunicação. Muitos sonhos grandiosos desvanecem porque falta aos sonhadores a capacidade de comunicação necessária para serem bem compreendidos. Isso é extremamente importante. Há quatro maneiras de se aprender alguma coisa: ouvindo, falando a respeito, assistindo e descobrindo (ou participando). Descobrir (ou participar) é o modo mais eficaz de se aprender. Você precisa ajudar as pessoas à sua volta a descobrir o sonho por elas mesmas, e isso é possível quando se permite a elas participar dele. Elas precisam ouvir sobre o sonho, falar sobre ele e vê-lo acontecer. Se as pessoas não participam de seu sonho, é sinal de que você não conseguiu comunicá-lo de maneira eficiente.

Se queremos verbalizar o sonho, há uma quarta coisa de que precisamos, que é a convicção. Muitos sonhos grandiosos desvanecem porque falta aos sonhadores a convicção necessária para fazê-los acontecer. Há uma diferença entre compromisso e convicção. O compromisso me faz prosseguir quando as coisas se complicam. A convicção faz os outros prosseguirem quando as coisas se complicam.

As pessoas à nossa volta são movidas pela emoção, por nossa convicção, aquele senso de moral tangível. Elas não seguem um líder por causa de seu caráter; elas o seguem por causa da convicção que ele demonstra. As pessoas não fazem as coisas porque são certas; elas fazem as coisas porque sentem que são certas. Quando demonstramos convicção, as outras pessoas são atraídas a nós. Sem convicção, podemos até transmitir verdades, mas não conseguiremos formar discípulos. Teremos pessoas capazes de dar as respostas certas, mas não teremos pessoas vivendo da maneira certa.

Verbalizar, portanto, requer confiança, ou seja, conhecimento; exige compromisso, ou seja, ação; pressupõe comunicação, ou seja, demonstração; e, por fim, demanda convicção, ou seja, sentimento. Para se chegar a uma fé no nível da verbalização, é preciso conhecer, fazer, demonstrar e sentir. Só então você estará em condições de verbalizar.

Posse, a fé em ação

Pouca gente cruzará o Jordão para tomar posse do prêmio. Acredito que haja três razões para algumas pessoas chegarem bem perto da margem do rio, mas, na hora de atravessá-lo e tomar posse da terra, não o fazerem. Primeiro, porque chegamos perto demais do sucesso, por isso temos medo do risco do fracasso. O medo de fracassar é, provavelmente, o fator que mais impede as pessoas de agir de maneira positiva.

A segunda razão de não tomarmos posse é a disciplina que esse nível de fé exige. Se você pretende fazer seu sonho acontecer, isso requer mais do que apenas ficar sentado no sofá. É necessário arregaçar as mangas e colocar mãos à obra. Sonhar não exige nenhuma disciplina, mas transformar os sonhos em realidade exige.

A terceira razão de muita gente não tomar posse do prêmio é a separação que ocorre, nesse nível, entre os preocupados e os comprometidos. Descobri que é possível convencer quase todo mundo a concordar com praticamente qualquer coisa. Você pode levar quase todo mundo a demonstrar algum tipo de preocupação por alguma coisa, mas há pouca gente disposta a deixar o rol dos preocupados para se juntar ao grupo dos comprometidos.

Esse nível requer tempo. Se você pretende fazer seu sonho acontecer, terá de assumir um compromisso de tempo. Basta um momento para verbalizar o sonho, mas é raro tomar posse de um sonho que vale a pena num espaço de tempo menor do que o da própria vida.

Certifique-se do sonho!

Como você conseguirá assegurar a realização do sonho de sua vida? Eu faria seis sugestões:

- Estabeleça os sonhos.
- Analise as motivações.
- Considere as opções.
- Lance mão de seus recursos.
- Tire do caminho tudo o que não for essencial.
- Enfrente os desafios.

A primeira postura que você deve tomar é estabelecer os sonhos. Escreva-os num pedaço de papel. Olhe para eles. Em seguida, analise todas as suas motivações. Você terá de se perguntar: "Por que estou fazendo isso? Será que minhas motivações são puras, corretas?". Se a motivação não for correta, o sonho morrerá. Certifique-se desde o princípio que sua motivação está correta.

Considere todas as alternativas disponíveis. Agora que você já estabeleceu seus sonhos e analisou suas motivações, sente-se e considere todas as opções. De quantas maneiras é possível alcançar aquele objetivo? Há mais de uma opção. Todo mundo precisa de um plano reserva; todos precisam de um "plano B", um "plano C" e um "plano D". Em seguida, lance mão de seus recursos. Descubra pessoas à sua volta que possuam um sonho parecido e trabalhe com elas.

Tire do caminho qualquer coisa que não seja essencial. Retire das costas o excesso de bagagem, todas as coisas que lhe impedem de realizar seu sonho. Enfrente os desafios. Imagine as dificudades que pode enfrentar e ensaie reações positivas em vez das negativas. Aprenda a extrair desses desafios o melhor que Deus tem para você.

Em fevereiro de 1973, quando alugar ônibus para pegar as pessoas em casa e as levar aos cultos era uma prática muito comum entre as igrejas norte-americanas, fui a uma conferência em Lynchburg, no estado de Virginia. Jerry Falwell estava falando a respeito dos ônibus, e desafiou as 5 mil pessoas presentes a assumir o sonho de ter um ministério daquele tipo. Deus começou a falar ao meu coração: "John, em um ano você poderia encher ônibus com tantas pessoas quanto a média de freqüência da sua igreja até agora". A média de freqüência era de 418 pessoas, e eu nem dispunha de um ônibus.

Lembro-me de voltar ao hotel e deitar no chão, pensando: "Deus, o senhor deseja mesmo que eu faça isso?". Falwell tinha dito: "Amanhã entregaremos cartões a todos. Vocês escreverão seus nomes e o número de pessoas que carregarão nos ônibus no próximo ano. Depois trarão aqui na frente para lermos". Pensei: "Essa não. Ele lerá o que eu escrever diante de cinco mil pessoas de todos os cantos do mundo!".

Lutei contra aquilo a noite inteira. No dia seguinte, peguei um cartão e escrevi o número 418 — isso sem ter um ônibus sequer! Com temor e tremor, entreguei meu cartão, que foi lido diante das 5 mil pessoas. Pensei: "É a pior coisa que já fiz em toda a minha vida". Mas me senti motivado pelo fato de ter verbalizado. Falwell escreveu uma carta para a diretoria de minha igreja, falando a eles de minha meta, e tive de levantar dinheiro para comprar os ônibus antes mesmo de levar o assunto a eles.

O melhor de tudo é que, no espaço de um ano — literalmente, um ano depois daquele dia —, transportávamos 438 pessoas nos ônibus. E isso aconteceu porque seguimos em frente e tomamos posse.

Um primeiro passo para tomar posse de seu sonho

O que Deus está desafiando você a fazer ou a ser daqui a um ano? Com quem compartilhará aquele sonho nas próximas duas semanas? Como tomará posse desse objetivo e o tornará realidade? Separe quinze minutos agora e escreva as respostas a essas perguntas num pequeno cartão. Em seguida, escreva alguns passos que precisará dar para tomar posse desse sonho.

Coloque seu cartão num lugar visível. Leia-o pela manhã, faça acontecer durante o dia, avalie-o à noite e ore a respeito na hora de dormir. Não permita que essa oportunidade escape de suas mãos. Há muita gente neste mundo que vê. Há algumas pessoas neste mundo que verbalizam. Mas são poucas as que tomam posse. Preencher o seu cartão é o primeiro passo para tomar posse de seu sonho.

7

O princípio dos 101%

A EFICÁCIA DE NOSSA LIDERANÇA é determinada pela capacidade de nos identificarmos com os outros. Liderança é influência. Quando alguém ocupa um cargo de liderança, seja ela eficiente ou não, positiva ou negativa, essa pessoa exerce influência. O que ela diz, o que ela pensa e aquilo que ela faz influencia as outras dispostas a segui-la.

Seu relacionamento com os outros determina como você os influenciará. Eles são alvo de seus cuidados? São dignos de sua confiança? São pessoas coerentes e acessíveis? Você reflete uma atitude positiva diante delas? Seus relacionamentos com as pessoas à sua volta são muito mais importantes do que qualquer outra coisa na hora de determinar sua eficácia como líder. Temos o costume de separar a liderança dos relacionamentos. Nós a vemos como uma posição, um título ou um nome.

A liderança relacional de Jesus

João 10 nos oferece uma compreensão bíblica do que seja a liderança relacional. Ao descrever o Bom Pastor, Jesus diz:

> ... as ovelhas ouvem a sua voz. Ele chama as suas ovelhas pelo nome e as leva para fora [...] vai adiante delas, e estas o seguem, porque conhecem a sua voz. Mas nunca seguirão um estranho; na verdade, fugirão dele, porque não reconhecem a voz de estranhos.
>
> João 10:3-5

Nessa passagem bíblica, podemos identificar três componentes de uma liderança relacional. O primeiro é: o pastor conhece suas ovelhas intimamente. O relacionamento que mantém com elas é tão intenso que ele é capaz de reconhecê-las instantaneamente. As ovelhas conhecem a voz do pastor e ele sabe o nome de todas. Está familiarizado com cada uma delas.

O segundo componente da liderança relacional é que ela está fundamentada na confiança. O pastor não apenas conhece os nomes de suas ovelhas, como também as ovelhas confiam nele. Elas ouvem a voz do pastor e o seguem, mas se um estranho aparecer, fugirão. A partir disso, podemos depreender que os líderes devem ser dignos da confiança daqueles que o seguem. O terceiro componente é este: os relacionamentos precisam de referências. O pastor caminha à frente de suas ovelhas e elas o seguem.

Certa vez alguém pediu a altos executivos de grandes empresas dos Estados Unidos para citarem as características que mais desejariam encontrar em seus potenciais funcionários. A imensa maioria deles afirmou: mais do que qualquer outra coisa, a capacidade de trabalhar com outras pessoas. Evidentemente, também queriam que esses potenciais funcionários apresentassem determinadas capacitações e habilidades, mas, acima de tudo, desejavam contratar pessoas capazes de trabalhar bem em equipe.

Se você se relaciona bem com os outros, então pode sobreviver a praticamente todo tipo de situação na vida. John Rockefeller, o homem que construiu grandes corporações, afirmou o seguinte: "Sou capaz de pagar muito mais pela capacidade de lidar com as pessoas do que por qualquer outra habilidade".

Uma pesquisa foi enviada a dois mil empresários, solicitando a eles que analisassem as fichas das três últimas pessoas que haviam demitido e dissessem o motivo dessa dispensa. Em dois desses três casos, a resposta foi a mesma: os funcionários demitidos não conseguiam se dar bem com os outros. As pessoas não perderam o emprego por causa de alguma falta de capacidade; elas foram dispensadas porque faltou a elas habilidade para se relacionar com outras de maneira eficaz.

Falaremos de duas coisas neste capítulo: como lidar com os conflitos nos relacionamentos — o que considero o problema principal dos que ocupam posições de liderança — e como criar relacionamentos eficazes.

Como lidar com os conflitos

O segredo de se lidar com conflitos e ser bem-sucedido é viver de acordo com o princípio dos 101%. Se há alguém sob sua jurisdição que tende a demonstrar obstinação, descubra o 1% em que você e essa pessoa concordam e dedique a esse percentual tudo quanto puder — 100% de seu esforço e sua capacidade. Permita que a pequena faixa de 1% de concordância seja o laço que os una.

Temos a tendência de generalizar e idealizar os relacionamentos. Lembra da parábola da ovelha perdida? Uma ovelha desobedeceu e sumiu. Ela deixou a segurança do rebanho para fazer aquilo que tinha vontade. O pastor poderia ter dito: "Estamos melhor sem você por aqui. Saia mesmo, e que vire jantar para algum leão!". Mas não foi isso que o pastor fez. Ele deixou as 99 ovelhas que estavam em segurança e saiu em busca da única perdida (Lc 15:4-6).

Aqui está um exemplo perfeito do princípio dos 101%. O pastor procurou até encontrar a ovelha. Ele dispendeu uma boa quantidade de energia para desenvolver aquele relacionamento com a única ovelha que não conseguiu se entrosar com o restante do rebanho. Esse é o princípio dos 101%.

Permita-me ensinar a você os dez mandamentos para se lidar com os conflitos. Acredito que eles serão úteis, pois todos nós passamos por situações nas quais temos de assumir um relacionamento que não tem nada de saudável na tentativa de consertá-lo.

Os mandamentos do conflito

Siga o princípio dos 101%

Eu tinha um amigo, numa igreja que pastoreei, que me causou todo tipo de dificuldade que se pode imaginar. Ele tinha feito a mesma coisa com os dois pastores que me precederam. Na verdade, tenho quase certeza de que foi essa pessoa a razão de eles terem se afastado da igreja. Durante meses, pensei e orei sobre o assunto, tentando encontrar algum modo de desenvolver um relacionamento com aquele homem. Eu estava procurando por aquele 1%.

Ele e a esposa haviam adotado duas crianças, e nós tínhamos feito a mesma coisa. Certa noite de Halloween,[1] levei minha filha, Elizabeth — que, na época, tinha dois anos —, à casa dele e bati na porta. Já havia instruído minha filha para, ao chegar, dar um abraço apertado naquele homem e dizer-lhe que o amava. Ela o fez, e o sujeito se derreteu todo. Quando ele começou a chorar ali, de pé, percebi que conseguira encontrar a brecha naquele exterior tão duro e descobrir o 1% que tínhamos em comum: filhos adotivos. Aquele foi o ponto de partida para um relacionamento que se revelou muito bem-sucedido. Esse é o princípio dos 101%.

Ame as pessoas mais do que as opiniões

Qualquer um que ama as próprias opiniões mais do que preza as amizades defenderá essas opiniões mesmo sob o risco de ficar sem

[1] Dia das bruxas.

amigos. As pessoas que não são muito boas em relacionamentos geralmente possuem um respeito maior por suas opiniões do que pelos outros. Precisamos recuar um pouco e definir o que é, de fato, importante para nós. Será que essa postura está ajudando ou criando empecilhos para nossos relacionamentos?

Dê aos outros o benefício da dúvida

Costumamos regular nossa vida de acordo com o coração, mas regulamos a vida dos outros com a razão. Somos muito condescendentes conosco, mas não com os demais. Se você deseja estabelecer relacionamentos, siga esta regra: quando a questão envolver você, use a cabeça; quando tiver a ver com os outros, use o coração. Dê a elas o benefício da dúvida.

Aprenda a ser flexível

Certa vez, Thomas Jefferson afirmou: "Quando se tratar de princípios, seja firme como uma rocha. Quando a questão for de gosto, nade a favor da correnteza". Na última igreja que pastoreei, quando o santuário passou por um processo de redecoração, eu não gostei muito do trabalho, mas também percebi que aquilo não era tão importante assim. Quando o assunto é evangelismo, não hesito: é uma questão de princípio. Mas se a conversa tem a ver com a cor do carpete ou com o tom da madeira dos bancos da igreja, aí eu nado a favor da correnteza.

Aprenda a ser flexível em sua vida. Quanto maior a pessoa, mais flexível ela é. Os bons líderes sabem dizer "sinto muito" com rapidez bem maior do que quem os segue. Líderes eficientes sabem a hora certa de ceder; eles não sentem a necessidade constante de defender seus direitos, pois aprenderam a distinguir a diferença entre princípios e gostos. Eles aprenderam a ser flexíveis.

Crie uma área de escape para a pessoa em conflito

Tenho visto pessoas que defendem suas ações não pelo fato de saberem que estão certas, mas porque o orgulho as impede de ceder. É preciso ser um líder muito bom para permitir a alguém que acaba de ser derrotado sair daquela situação sem se sentir humilhado. Se a sua posição já foi bem esclarecida, diminua a pressão.

Analise sua atitude

Muitas vezes, lideranças equivocadas se desenvolvem por causa de atitudes equivocadas. Você precisa se questionar para ter a certeza de que sua atitude é certa ou errada. Por exemplo, se está enfrentando conflitos com muitas pessoas, há uma boa chance de o problema ser você e não elas. Pergunte-se: "Estou o tempo todo em conflito ou este caso é uma exceção?". Se é uma exceção, provavelmente sua atitude está em ordem. A maneira como vemos as pessoas determina, em grande medida, nossa percepção de como elas se sentem em relação a nós. Analise sua atitude.

Não exagere nas reações

Você vai passar por conflitos. Não torne as coisas ainda piores reagindo mal a eles. Não jogue uma bomba quando apenas um estilingue é suficiente para resolver o problema. Se você tiver a expectativa desses conflitos, se preparará melhor para cuidar deles com sensibilidade.

Não assuma uma posição defensiva

É impossível vencer nos relacionamentos quando se está na defensiva. Um líder seguro de si sabe como dizer: "Sinto muito. Eu estava errado. Não entendi direito. Por favor, me perdoe". A partir do momento que você começa a se defender, a exigir seus direitos, dá início a uma batalha. Nunca resolvemos as diferenças quando nos colocamos na defensiva.

Receba bem os conflitos

Torne-os experiências de aprendizado. A maioria das pessoas não gosta de conflitos, mas podemos ser gratos quando eles proporcionam uma oportunidade de aprender algo a mais. Os conflitos podem produzir uma entre duas coisas: úlcera ou compreensão. Você escolhe com qual delas prefere ficar.

Assuma riscos

Muita gente não lida bem com conflitos nos relacionamentos porque tem medo de ser a primeira a se arriscar. Se nosso relacionamento é turbulento e você me estende a mão num gesto de amizade, como se sentirá se eu não retribuir? Em primeiro lugar, ficará sem graça, ali, de pé, com a mão estendida no ar. Em seguida, passará à sensação de rejeição. Muitas pessoas não lidam bem com os conflitos que enfrentam porque não querem se sentir rejeitadas. Não estão dispostas a assumir esse risco.

Certo dia, quando já havia me conscientizado de que seria um líder, sentei e coloquei no papel todos os motivos capazes de deixar um líder magoado. Depois de escrever dúzias deles, separei-os em categorias. Cheguei à conclusão de que os líderes sempre terão de passar por algum sofrimento. Não permita que o convençam da idéia de que todo mundo amará sua liderança o tempo todo. Quem está à frente, liderando pessoas, será magoado em algum momento. A questão não é se isso vai ou não acontecer, mas de que maneira o líder será magoado.

Concluí também que eu seria magoado porque confio nas pessoas e estou sempre vulnerável a elas. Conheço gente que diz:

"Prefiro não me aproximar das pessoas para não ser magoado por elas". Vi outros que ganharam fama e foram para a vitrine; são ótimos como manequins, mas ruins como líderes.

Por estar disposto a sofrer nessa área, descobri que há pessoas em quem confiei — gente em quem acreditei — que se desenvolveram porque me arrisquei ao me aproximar delas. Assumi o risco de sofrer rejeição por parte delas. Muitas vezes, e com freqüência, esse risco vale a pena de ser assumido. Permita-se ser uma pessoa vulnerável.

Como cultivar bons relacionamentos

Felizmente, não precisamos lidar com conflitos o tempo todo. Mantemos alguns bons relacionamentos. O que fazer para torná-los ainda melhores? Em João 10, podemos encontrar três coisas que ajudam a cultivar relacionamentos: conheça, faça crescer e mostre o caminho.

Relacionamentos começam com conhecimento, continuam com o crescimento e chegam ao seu ponto máximo quando podemos mostrar o caminho. Conheça: Jesus chamou suas ovelhas pelo nome. Faça crescer: elas ouviram sua voz e se aproximaram dele. Mostre o caminho: Jesus andava à frente de suas ovelhas, e elas o seguiam.

Conheça

Permita-me ensinar a você o abecê de como iniciar bons relacionamentos. Reconheça a necessidade que você tem de se cercar de pessoas. Para que seu relacionamento seja cultivado de maneira eficaz, você precisa admitir que precisa de outras pessoas em sua vida. Paulo ensina que "há muitos membros, mas um só corpo. O olho não pode dizer à mão: 'Não preciso de você!' Nem a cabeça pode dizer aos pés: 'Não preciso de vocês!'". Um cristão completo é cheio do Espírito de Deus, mas também é complementado por amigos que possuem outros dons. Os amigos são essenciais. Reconheça sua necessidade de ter amigos. Enquanto não fizer isso, nunca conseguirá cultivar relacionamentos eficazes.

Acredite no valor dos outros

Carlisle disse: "Uma pessoa notável demonstra sua grandeza pelo modo como trata as pessoas simples". O valor que dá aos outros determina se você é um motivador ou um manipulador. Motivar é trabalhar junto para que todos levem vantagem; é todo mundo trabalhando junto pelo benefício de todos. Manipulação é todo mundo trabalhando para que eu leve vantagem. Há uma diferença aí. Com o motivador, todo mundo sai ganhando. Com o manipulador, apenas o suposto líder ganha.

Concentre-se nas pessoas, não nos programas

A única coisa que Deus um dia há de resgatar deste planeta é seu povo. Portanto, se você deseja um ministério perene, deve estabelecê-lo em função da vida das outras pessoas. Mudar os programas não garante perenidade; mudar as pessoas, sim. Algumas das pessoas mais tristes que conheço são aquelas que inventam e mudam programas. Já as mais felizes que conheço são aquelas que edificam e transformam outras pessoas. Em que você pretende investir sua vida? Concentre-se nas pessoas.

Faça crescer

Se deseja ajudar a promover o crescimento dos outros, precisa estar disponível quando eles precisarem de você. Você pode ajudar a suprir a necessidade dos que passam por dificuldades. Ao fazer isso, descobrirá como seu relacionamento com essas pessoas se torna ainda mais intenso. Ter sensibilidade para perceber o momento certo é mais importante do que o próprio tempo num relacionamento. Envolver-se na vida das pessoas quando elas realmente precisam de você é mais importante do que estar com elas o tempo todo quando não precisam disso. Essa noção de tempo é essencial.

Exerça uma liderança confiável

Onde há consistência, os relacionamentos se desenvolvem. Em meio ao mau humor, eles definham. Seja uma pessoa acessível — já aconteceu de você querer conversar com alguém cujo humor varia o tempo todo, mas hesitou por não ter certeza da reação dessa pessoa? Será que ela gostaria muito de ver você ou teria vontade de comer seu fígado? Na condição de líder, seja uma pessoa confiável. Assim, os outros sempre poderão se sentir à vontade quando precisarem procurar você.

Seja uma pessoa encorajadora

Os relacionamentos se desenvolvem numa atmosfera de afirmação. A maioria das pessoas é insegura. Por precisar de incentivo, essa gente insegura espera que você se revele uma pessoa encorajadora. Tempos atrás, eu e Margaret conversamos com o professor de atletismo de nossa filha. Ele tinha um problema muito sério no que dizia respeito a incentivar as pessoas. Era o primeiro a censurar as crianças de sua classe quando elas faziam alguma coisa errada, mas não sabia como dizer: "Isso foi muito bom. Você está se saindo muito bem". Nós o encorajamos a usar alguns reforços positivos com Elizabeth. Encoraje as pessoas que lidera. Só assim elas se desenvolverão.

Seja um líder de recursos

Os relacionamentos crescem quando alguém tem as respostas certas para os questionamentos. Torne-se alguém que sabe resolver os problemas. Mostre que tem alguma contribuição a oferecer. Todos gostamos de estar perto de pessoas capazes de nos ajudar a crescer.

Mostre o caminho

As pessoas fazem o que vêem. Ao cultivar relacionamentos, devemos ser modelos de habilidade no trato com as pessoas. Elas não se importam muito com o que você sabe ou fala: elas o julgam pelo modo como você age.

Estudos sobre a liderança realizados no mundo dos negócios nos Estados Unidos revelaram que os executivos dedicam três quartos de seu expediente diário lidando com *pessoas*. Na maioria dos negócios, o principal custo individual é com *pessoas*. O recurso mais valioso de que uma empresa dispõe são as *pessoas*. Todos os projetos empresariais são sustentados ou fracassam em função das *pessoas*.

Nossos relacionamentos determinarão o sucesso de nossa liderança. Podemos trabalhar com as pessoas ou viver em pé de guerra com elas. Podemos ser como as lâminas de arar de um trator: a lâmina revolve a terra, agitando-a, fertilizando-a, tornando-a um bom lugar para que as sementes germinem. O trator abre trilhas na terra, empurrando os obstáculos para os lados. Tanto as lâminas do arado quanto o trator são instrumentos úteis, mas um abre espaço enquanto o outro cultiva. O líder do tipo "arado" consegue discernir tesouros à espera de serem descobertos e cultivados; o líder do tipo "trator" enxerga apenas obstáculos que precisam ser destruídos. Seja um líder que sabe cultivar!

8

Resolva os problemas, mas salve os porcos

QUANDO DIRIJO CLÍNICAS PARA LÍDERES de igrejas, peço aos pastores que citem todas as maneiras que imaginam ser úteis para fazer uma igreja crescer. Levamos uns quinze ou vinte minutos, e eu encho um quadro-negro com modos de promover o crescimento de uma igreja. Depois de revisar a lista, explico a eles que todos sabemos como levantar uma igreja. Cada um de nós deve ter uns cinqüenta livros a respeito desse assunto em nossas estantes. Já dispomos de todas aquelas respostas. A questão não é se sabemos ou não fazer uma igreja crescer — é se estamos ou não dispostos a pagar o preço para fazer isso acontecer.

Certa vez, quando Jesus visitou a terra dos gadarenos, dois homens possuídos por demônios foram ao seu encontro. Ele expulsou os demônios, mandando que entrassem numa manada de porcos. Os porcos se jogaram ao mar e morreram afogados (Mt 8:28-34). Até a chegada de Jesus, aqueles demônios representavam um grande problema para aquela comunidade. Aqueles homens, possuídos por demônios, atacaram, descontrolados e nus, a todos que se aproximaram do cemitério. Mas as pessoas não ficaram felizes quando os porcos afundaram na água, embora os demônios tivessem saído daqueles homens. O povo queria se livrar dos homens possuídos pelos demônios, mas não queria perder os porcos.

Essa passagem me faz lembrar das pessoas que querem que Deus resolva seus problemas desde que isso não lhes custe nada. Elas desejam todas as soluções, mas nada oferecem como retribuição.

Há algumas observações a respeito desse incidente que começam a vir à tona. As próprias pessoas não estavam dispostas a pagar o preço de ver o problema resolvido. Considero essa a lição mais óbvia. Elas queriam se livrar dos homens possuídos pelos demônios, mas também queriam salvar seus porcos. Também me parece interessante o fato de os demônios não quererem sair da região dos gadarenos. Eles queriam ficar bem ali. Está na cara que os demônios encontraram algo que lhes agradou quando viram aquela terra: perceberam que as pessoas dali eram presas fáceis.

Não queremos confrontar as mudanças ou os problemas. Mesmo quando o próprio Deus os coloca em nossa vida, desejamos fugir deles. Queremos libertação, mas sem confusão. Queremos os benefícios, mas sem ter de pagar a fatura. Desejamos o sucesso sem qualquer tipo de sacrifício. Só que isso simplesmente não acontece desse jeito. Não conseguimos nos adaptar a um estilo de vida que coloca o repouso acima dos resultados. Devemos receber com alegria as mudanças que o Espírito de Deus promove e aceitá-las de acordo com as condições dele, e não as nossas. E está em nossas mãos definir o ritmo para aqueles que nos seguem, seja qual for o custo.

Vamos falar sobre os custos da liderança. Qual é o preço que realmente temos de pagar para podermos conquistar a credibilidade, o poder e a autoridade em nossa liderança?

Liderança pressupõe desconforto

Se você está para se tornar um líder ou uma líder de sucesso, então experimentará uma boa dose de desconforto. Na edição de outubro de 1985 da revista *Success* foi publicado um trecho do livro *Doing It Now* [Fazendo já], de Edwin C. Bliss, que realmente ficou gravado em mim.

> Vivemos em uma cultura que idolatra o conforto. Ao longo deste século, temos testemunhado as maiores investidas contra o desconforto na história da raça humana. Aprendemos a controlar a temperatura do ambiente com calefação central ou ar-condicionado. Reduzimos o tempo de trabalho pesado com o uso de máquinas e computadores. Aprendemos a controlar a dor, a depressão e o estresse. Chegamos mesmo ao ponto de criar antídotos eletrônicos ao tédio, que são a televisão e os videogames. A maioria dessas coisas nos beneficiam, mas, infelizmente, tudo isso criou uma impressão de que o propósito da vida é alcançar um maravilhoso estado de nirvana, uma ausência total de lutas ou esforços. A ênfase está no consumo, e não na produção; no hedonismo de curto prazo, em vez da satisfação a longo prazo. Procuramos a satisfação imediata de nossos desejos, e sem restrições.

Só que a vida não funciona assim — não, pelo menos, para muitas pessoas, e nem por muito tempo. Uma das frases favoritas de Benjamin Franklin era esta: "Não há conquista sem sacrifício". O grande objetivo — a pessoa se tornar aquilo que é capaz de ser — só pode ser atingido por aqueles dispostos a pagar o preço; e o preço sempre envolve sacrifício, desconforto, situações desagradáveis e até sofrimento.

Nossa cultura de satisfação

Quais sinais podemos identificar, na sociedade de hoje, que revelam essa busca por satisfação imediata? Que tal as redes de restaurantes do tipo *fast food*? E os cartões de crédito? E as clínicas de aborto? A quantidade imensa de advogados especializados em processos de divórcio? A lista poderia continuar por muito tempo. Só queremos nos divertir; não estamos dispostos a assumir responsabilidades. Queremos o cargo e o contracheque, mas não queremos trabalhar.

Analisemos a vida do apóstolo Paulo, um dos maiores líderes do primeiro século da era cristã. Ele compreendeu, talvez melhor do que qualquer pessoa de seu tempo, que precisamos pagar o preço para chegar à solução de nossos problemas. Em 2Coríntios 11:23-29, Paulo fala sobre o preço que teve de pagar por seu apostolado, o custo de seu sucesso como líder. Há três coisas que eu gostaria de destacar neste capítulo, ao analisarmos a relação que há entre a liderança e o desconforto.

Paulo diria que *jamais devemos nos acomodar*. Quando consideramos todas as aflições pelas quais passou, podemos ver que ele nunca se achou no direito de exigir conforto. Quando escreveu sobre os açoites que levou, o naufrágio e o abandono, não o fez para os leitores da epístola sentirem pena dele. Estava simplesmente descrevendo experiências próprias e reais. Ele compreendia que, quando o conforto é nossa meta suprema, perdemos o foco nas riquezas do reino de Deus.

Um professor norte-americano estava conversando com uma cristã da antiga União Soviética sobre o cristianismo. A mulher, que era russa, comentou sobre a diferença entre aceitar a Cristo nos dois lugares. Nos Estados Unidos, a pessoa que se convertia era levada a uma igreja confortável, com bancos acolchoados, enquanto na União Soviética o recém-convertido era preparado para a morte. Paulo diz que não devemos nos acomodar. Uma pessoa que se compromete com Cristo não pode ter o mesmo compromisso com o conforto.

Nunca faça concessões

Quando digo isso, não estou me referindo a administração. Líderes sábios compreendem que alguma coisa pode dar errado e precisam contar com a cobertura de um plano alternativo. Mas não estamos falando de administração neste momento. A lição deste capítulo tem a ver com o preço que se deve pagar. Não existe um "plano B" quando se trata de compromisso: você o assume ou não. Livre-se dos sinais indicadores das saídas de emergência de sua vida. Se houver uma forma de escape, uma escada de incêndio, você sentirá a tentação de seguir esse caminho em vez de pagar o preço. A questão não é de sobrevivência. O apóstolo Paulo não precisava sobreviver — o compromisso que ele havia assumido estava além do ponto da simples sobrevivência. Ele não tinha um plano alternativo ao qual pudesse recorrer.

Nunca assuma uma mentalidade de acomodação

Você não encontrará em nenhum lugar das Escrituras alguma indicação de que o apóstolo Paulo estivesse satisfeito em apenas manter o que havia conquistado. Ele nunca se contentava com o bom quando o melhor era uma possibilidade palpável. Ele insistia. Não deixava o trabalho apenas por conta de seus cooperadores. O que estou tentando dizer aqui é que Paulo não tinha uma mentalidade de acomodação. Sua meta não se resumia a manter o *status quo*. Ele estava disposto a fazer diferença e até se tornar uma pessoa impopular, sacrificando o próprio conforto. Não se contente em tocar o barco quando precisa ir além.

Liderança significa insatisfação

A insatisfação é uma ferramenta que Deus pode usar para nos motivar a alcançar realizações ainda maiores. Não estou dizendo que seremos grandes líderes se formos infelizes. Líderes tristes possuem um grande potencial de formar seguidores tristes. Quando perdemos o empenho e a motivação, corremos o sério risco de perder a visão também.

Independentemente de denominações, as igrejas dos Estados Unidos possuem, em média, uma freqüência regular de aproximadamente setenta pessoas, que é mais ou menos o número de membros necessário para uma igreja sobreviver. Falando de maneira generalizada, uma congregação de setenta membros pode bancar a aquisição do terreno da igreja, honrar as contas e bancar, em parte, o salário de um pastor.

Esse é o nível da sobrevivência, e quando as igrejas chegam nesse ponto, muitas delas param de crescer, pois já estão em condições de suprir as necessidades mais básicas. A insatisfação não atingirá os membros dessa igreja a não ser que passem a olhar além de suas necessidades fundamentais e comecem a pensar a respeito de seu propósito mais importante.

John Wesley era uma das pessoas que compreendiam que liderança significa insatisfação. Ele fez, em média, três sermões diários durante 54 anos, pregando mais de 44 mil vezes ao todo. Para fazer isso, viajou por mais de 320 mil quilômetros no lombo de cavalo e em carruagens, o que equivale a praticamente 6 mil quilômetros por ano. Ele era muito dedicado ao trabalho pastoral. Durante um período de sua vida, foi o responsável por todas as igrejas da Inglaterra.

Para realizar essa tarefa, Wesley acordava todo dia às quatro da manhã e trabalhava sem parar até as dez da noite, permitindo-se apenas alguns breves períodos de intervalo para as refeições. Aos 83 anos de idade, ele ficou aborrecido ao descobrir que teria de parar de escrever mais de quinze horas por dia, pois seus olhos ardiam. Quando chegou aos 86, ele se sentiu envergonhado ao admitir que não tinha condições de pregar mais do que duas vezes por dia, e ficou zangado porque precisava dormir até as cinco da manhã.

Charles Spurgeon era conhecido como "o príncipe dos pregadores". Assim como Wesley, ele não estava satisfeito em ser apenas um grande orador; tinha paixão pela obra de Deus, e nunca se conformava com o número de almas que havia ganhado para Jesus. Aos trinta anos, pregou para 5 mil pessoas no Metropolitan Tabernacle. Ainda assim, não estava satisfeito.

Certa vez, Spurgeon foi convidado para dar palestras numa universidade que cobriria todas as despesas dele, da esposa e de sua secretária. Além disso, receberia mil libras por cada palestra durante um período de cinqüenta dias. No entanto, ele recusou a oferta, sugerindo que, em vez de receber aquelas 50 mil libras, ele ficasse em Londres e tentasse ganhar cinqüenta almas para Jesus Cristo.

Tive o privilégio de conhecer E. Stanley Jones quando eu ainda cursava o Ensino Médio. Meu pai marcou um encontro com ele, e ficamos quinze minutos juntos. Ele autografou alguns livros e falou sobre como se sentia bem por estar no ministério. Era um sujeito feito da mesma matéria-prima daqueles outros grandes homens de Deus. No fim de sua vida, escreveu essas palavras na Índia, onde trabalhava como missionário:

> Eu costumo dizer — em parte, como brincadeira — que, quando chegar o momento de eu ir para o céu, vou pedir 24 horas para ver meus amigos. Só então subirei até meu Mestre e direi a ele: "Será que o senhor não tem algum mundo por aí no qual os perdidos precisem de um evangelista como eu? Por favor, envie-me a esse lugar, pois não conheço nenhum paraíso melhor do que pregar o evangelho". Para mim, o céu é isso. Sempre foi assim e sempre será.

Conversamos bastante sobre o apóstolo Paulo, um homem que nunca estava satisfeito e não queria saber de desistir, por isso perseguia o objetivo mais elevado. Mas há outros homens e mulheres na Bíblia cuja insatisfação com a situação em que viviam os levou à grandeza. Neemias era um afortunado, trabalhando como servo do rei na corte. Vivia cercado de luxo, mas estava disposto a abandonar aquilo tudo para voltar e ajudar a reconstruir os muros de Jerusalém.

Ou então, pense na história de Ester, a rainha que escolheu arriscar a própria vida para resgatar seu povo do sofrimento. Josué e Calebe poderiam ter se conformado em ficar no deserto com todas as outras pessoas, mas eles não estavam dispostos a se resignar com menos do que o melhor. Por que viver no deserto quando se pode viver na terra que mana leite e mel? Moisés poderia ter ficado na corte do faraó, aproveitando todos os prazeres e as riquezas do Egito. No entanto, optou por conduzir o povo em sua libertação.

Liderança significa ruptura

Mostre-me alguém que esteja ocupando um cargo estratégico de liderança e eu lhe mostrarei uma pessoa capaz de promover rupturas. Devemos nos acostumar com as rupturas, pois trabalhar com pessoas significa não haver garantias de uma jornada tranqüila. Quando pensamos estar prestes a realizar várias coisas que planejávamos, aparece alguém para nos magoar ou precisando de algo.

Precisamos ser como um piloto de avião comercial. Sabemos nosso destino, mas não temos nenhum tipo de controle sobre as condições climáticas. Rajadas de vento repentinas podem nos obrigar a fazer alterações no plano de vôo. Certa vez eu estava voando de Phoenix até San Diego quando o tempo ficou muito ruim, chuvoso e cheio de neblina. Começamos o procedimento de pouso, e pensei que tudo correria bem. De repente, entramos numa nuvem muito densa. O avião subiu e passou a voar em círculos. Aquele piloto conhecia sua profissão. Ele tinha hora certa para aterrissar; queria chegar ao seu destino às nove e dez da manhã. No entanto, ele também compreendeu que as mudanças climáticas podem obrigar um piloto a mudar seus planos. Em vez de nove e dez da manhã, ele poderia chegar depois, ou mesmo seguir até um aeroporto alternativo e chegar ao destino final de algum outro modo.

Assim como o piloto de avião, nós, os líderes, temos de lidar freqüentemente com rupturas às vezes, rupturas muito desagradáveis. A questão é saber se as assimilaremos ou reagiremos a elas. Reagir a algo significa agir negativamente. Assimilar significa agir positivamente. Se você vai ao consultório de seu médico e ele receita algum remédio, seu corpo pode assimilar os efeitos ou reagir a eles. Quando voltar, três dias depois, o médico pode comentar que seu corpo está reagindo ao remédio; com isso, ele estará dizendo que seu corpo não está permitindo ao remédio cumprir seu propósito. Ou então pode afirmar que você está assimilando os efeitos do remédio; neste caso, ele explicará como o remédio está curando seu corpo e ajudando na restauração de sua saúde. Quando estamos diante de rupturas, costumamos assimilar ou reagir a elas?

Preciso me lembrar o tempo todo da importância de assimilar as rupturas. Pessoas sistemáticas demais, que vivem em função de listas de afazeres e possuem objetivos muito específicos, sempre enfrentarão certa tensão diante das rupturas. Precisamos lembrar que liderança é mais do que pegar uma caneta e marcar um “x” ao lado das tarefas devidamente cumpridas. Liderança é suprir necessidades. Receio que, às vezes, ficamos marcando a lista de afazeres com "x" em vez de suprirmos as necessidades, e isso nos impede de sermos tão eficientes quanto poderíamos.

Um dos segredos para se tornar um ótimo líder é não permitir que as rupturas o dominem. Lide com elas, mas não as permita consumir você. Mantenha seus olhos no objetivo. Muitas pessoas se desviam das necessidades para alcançar o objetivo, ou então suprem as necessidades e se esquecem do objetivo. É preciso saber fazer as duas coisas. Devemos buscar a satisfação das necessidades na mesma proporção em que perseguimos o cumprimento das metas.

Um bom exemplo de pessoa que sabia como lidar com suas rupturas de modo positivo era o grande boxeador Gene Tunney, que tirou o título dos pesos pesados de Jack Dempsey. Gene Tunney quebrou a mão direita durante a Primeira Guerra Mundial. Seu médico, que também era seu empresário, disse ao lutador que suas mãos haviam ficado muito frágeis, por isso não tinha condições de continuar no boxe por muito tempo. Mas Tunney decidiu tentar uma mudança em sua estratégia. Em vez de confiar na força de seus socos, como fazia antes, ele se tornou um boxeador mais estrategista. Aprendeu a se movimentar melhor, a marcar pontos e a lutar com mais manha.

Ele mudou a estratégia, mas não o objetivo. É exatamente isso que devemos fazer com nossas rupturas. Devemos mudar as táticas, manipular as circunstâncias, mas sem desviarmos de nosso alvo. Descobri que as três orientações a seguir são úteis quando lidamos com rupturas.

Número 1: descubra a vontade específica de Deus para sua vida

Não existe nada melhor para nos manter nos trilhos do que saber qual é o propósito específico de Deus para nossa vida.

Número 2: não ceda aos desejos da carne

Se você ceder aos desejos da carne, sempre escolherá a saída mais fácil e conveniente. Obrigue-se a fazer aquilo que deve fazer, e assim desenvolverá seu caráter. Quando exercitar os músculos de seu caráter, descobrirá como eles ficam mais fortes na proporção em que são usados.

Toda vez que você quer realizar algo muito grandioso para Deus, aparecem 27 mil pessoas tentando convencê-lo de que não é capaz, não deve ou não conseguirá. Na verdade, o que essas pessoas estão fazendo é testemunhando as próprias experiências. Elas não pagaram o preço que a grandiosidade exige, por isso não entendem como você consegue fazer isso. No entanto, líderes eficazes — aqueles que pagaram o preço — sabem o valor dos exercícios de desenvolvimento do caráter. Eles sabem que não devem ceder aos desejos da carne, sejam os deles ou de outras pessoas.

Número 3: não se limite a sobreviver

Dê uma olhada no texto de Gálatas 1:15-17. Você verá esses três princípios colocados em prática. Uma vez definido seu objetivo, Paulo não olhava mais para a esquerda nem para a direita em busca de uma trilha mais fácil; ele simplesmente seguia em frente, na direção que o dedo de Deus apontava. O objetivo do apóstolo não estava resumido à sobrevivência — e o seu também não pode ser limitado. Será extraordinário ver o que acontecerá com sua liderança quando você deixar de medir a felicidade da vida ou a grandeza de seu dia em função das facilidades que encontra.

"Tenha um bom dia!"

É preciso que as circunstâncias de seu dia sejam propícias e fáceis para que você o considere bom? A única felicidade que algumas pessoas conhecem é tirar férias; por isso, elas só conseguem ser felizes uma vez por ano, durante um mês. É muito triste ver gente que não consegue tirar bom proveito dos problemas enfrentados. É triste também quando você se levanta pela manhã e coloca na cabeça que aquele será um dia mau porque está na hora de ir para o trabalho e lá encontrará problemas com os quais não quer lidar. É muito triste ficar procurando por algum tipo de escape em vez de procurar desafios.

Criamos uma sociedade na qual as pessoas preferem tomar o caminho mais fácil. Por causa disso, nossa cultura sofre uma espécie de síndrome do alívio imediato. Esse tipo de sociedade não oferece um solo favorável à formação de boas lideranças. No entanto, as pessoas dispostas a pagar o preço conseguirão alcançar êxito, e o mundo ficará no fundo da platéia, admirado ao ver como esses homens e essas mulheres de sucesso têm tanta sorte. Só que a sorte não tem nada a ver com isso: essas pessoas simplesmente se dispuseram a fazer aquilo que todas as demais não quiseram.

Quais são as condições necessárias para você se sentir feliz no ministério? Eu gostaria de encorajar os leitores a fecharem este livro depois de terminarem a leitura deste capítulo e dedicarem algum tempo para responder a essa pergunta. Escreva as coisas de que precisa para que possa se sentir uma pessoa feliz. Será que é um lugar para morar? Ou um salário maior? Quais necessidades precisam ser supridas?

Será que estamos, de fato, tentando resolver nossos problemas pessoais? Não estamos num acampamento de escoteiros — estamos alistados no exército de Deus. Precisamos confiar nele para termos coragem de seguir em frente e pagar o preço. É assim que ajudaremos a fazer o reino de Deus crescer.

9

Seu problema não é o seu problema

DÁ PARA DIZER QUE UM dia será horrível quando se liga para o Centro de Valorização da Vida e se fica na linha, esperando. Dá para dizer que um dia será ruim quando se liga a televisão e o jornal mostra rotas alternativas para sair do estado. Dá para dizer que um dia será terrível quando a buzina do carro dispara e fica fora de controle exatamente no momento em que você está seguindo um grupo de motoqueiros mal-encarados na estrada.

Você já viveu um dia desse tipo? Acho que todo mundo já passou por isso. Mesmo assim, conforme trabalho com as pessoas e as analiso, percebo que nem todas enfrentam seus problemas da mesma maneira. Na verdade, encontro pessoas que passam por problemas muito graves e, ainda assim, parecem viver sempre de bem com a vida, sem maiores dificuldades. Da mesma forma, encontro outras que enfrentam dificuldades relativamente bem menores, mas ficam arrasadas por causa delas. Cheguei à conclusão de que seu problema, na verdade, não é o seu problema. Não são os problemas superficiais que nos fazem mais tristes ou felizes.

Permita-me fornecer alguns exemplos. Já fiz muito aconselhamento conjugal e vi muitos casais que enfrentavam enormes problemas decidirem pela vida em comum e por fazer o casamento funcionar. Eles foram em frente e conseguiram alcançar o objetivo. Também atendi outros casais cujos problemas pareciam muito menores. Estavam um pouco entediados, mas bastaria apenas algumas mudanças para a união ser revitalizada. Mesmo assim, testemunhei o fim daqueles casamentos.

Vi pessoas que enfrentavam terríveis problemas financeiros batalharem até sair daquela situação. Também acompanhei outras que tinham dificuldades bem menores com as finanças e, mesmo assim, caíam em depressão, incapazes de lidar com o estresse.

É muito comum, em nossa sociedade, acreditar que somos vítimas das circunstâncias que nos cercam. O mundo olha para uma pessoa e diz: "Aí está alguém que nasceu com a vida ao avesso, e nunca terá uma chance de subir nela". A sociedade reforça o problema, em vez de colocar a ênfase na pessoa. Trata-se de um grande erro. O seu problema não é o seu problema. Se você valorizar a pessoa, o problema se resolverá.

Como reagimos aos problemas

Em um de nossos cultos de batismo, numa noite de domingo, uma pessoa entrou no batistério e compartilhou um testemunho que nunca ouvi igual. Quando aquele homem tinha quatorze anos, sua irmã morreu. Dois anos depois, o pai foi assassinado. Seus primeiros dois casamentos terminaram em divórcio. A filha mais velha morreu de câncer na época do segundo divórcio. No ano anterior, o irmão havia sido assassinado durante um assalto no lugar onde trabalhava.

Uma desgraça em cima da outra fez aquele homem voltar a beber e usar drogas, causando o fim de seu terceiro casamento. Para um sujeito que acabara de entrar na casa dos trinta anos, ele já tinha passado por um bocado de tragédias. Mesmo assim, no fim de seu testemunho, ele falou sobre como Deus havia transformado sua vida e dado a ele uma visão mais positiva do mundo. Havia um sorriso no rosto daquele homem. Ele confiava em Deus. Seu foco havia mudado: saiu de seus problemas e se concentrou nas promessas de Deus. O seu problema não é o seu problema.

Reagimos aos problemas a partir de dois fatores: com base naquilo que vemos ou naquilo que buscamos. O que vemos é determinado por nossa perspectiva de vida e por nosso nível de discernimento. O que buscamos constitui nosso desejo, nossos valores e nosso propósito. Antes de podermos entender e lidar com os problemas de maneira eficiente, é preciso identificar o que vemos e o que buscamos. Se eu sou capaz de ver o problema, mas me falta o desejo de resolvê-lo, começo a enxergá-lo como é, mas nunca conseguirei dar uma solução. Olhando o outro lado da moeda, se desejo muito cuidar de meus problemas, mas não os vejo sob a perspectiva mais adequada, jamais serei tão eficiente quanto poderia.

O QUE VEMOS

O apóstolo Paulo via os problemas com muita acuidade. Em 2Coríntios 4:8-9, ele escreve sobre como devemos enfrentar reveses vindos de todos os lados.

> De todos os lados somos pressionados, mas não desanimados; ficamos perplexos, mas não desesperados; somos perseguidos, mas não abandonados; abatidos, mas não destruídos.

Paulo havia passado por naufrágios, espancamentos, humilhações e prisões, mas ele percebia como as dificuldades pelas quais havia passado eram muito pequenas se comparadas com a glória de Deus (Rm 8:18). Paulo superou suas dificuldades porque as viu a partir da perspectiva correta.

Costumamos pegar uma partícula de um problema e transformá-la numa enorme barreira em nossa vida. Isso geralmente acontece porque vemos o problema sob a perspectiva errada. Não o vemos à luz da glória de Deus.

Certo dia, o pai do pequeno Bobby entrou na sala da casa e viu o menino olhando para a rua, através de um telescópio, só que pelo lado errado. Ele disse:

— Filho, não é desse jeito que se usa um telescópio. Se você olhar através dele dessa maneira, fará os objetos parecerem bem menores. Telescópios existem para fazer as coisas parecerem maiores.

— Papai — respondeu Bobby, sorrindo — o garoto chato que vive batendo em mim está ali fora, na rua. Virei o telescópio ao contrário porque ele é o meu principal problema, e quero vê-lo menor do que realmente é.

A maioria de nós, em vez de olhar pelo lado maior do telescópio para reduzir o tamanho dos problemas, olha pelo lado menor e amplia essas dificuldades. Dessa maneira, elas parecem muito maiores do que realmente são.

Experiências do passado

Vemos nossos problemas a partir de três fatores: experiências do passado, o ambiente onde estamos e a avaliação pessoal. Comecemos pelas experiências do passado. A maneira como lidamos com os problemas no passado influencia bastante o modo como os vemos hoje em dia. Um escultor começa sua obra com um pedaço de granito, um martelo e uma talhadeira. O aprendiz espera que um pedaço de pedra caia cada vez que golpeia a talhadeira com seu martelo, mas, na maioria das vezes, nada acontece. Depois de um certo tempo, ele larga o martelo e a talhadeira, sem motivação para continuar. Sabe qual é o motivo para essa reação? Porque todas as vezes que ele bate na talhadeira, espera ver um resultado tangível.

O escultor profissional que trabalha ao seu lado faz aquilo há anos. Pacientemente, ele pega o martelo e dá toques leves na talhadeira. Para os olhos daqueles que não conhecem o ofício, nada está acontecendo. O veterano sabe que não há necessidade de cair uma lasca de granito a cada golpe dado. Ele compreende o que está acontecendo: toda pancada que dá na talhadeira enfraquece a pedra. Se ele for paciente e esperar o tempo necessário, o pedaço que quer tirar do granito logo será separado da peça principal.

Ver seus problemas a partir das experiências pelas quais passou pode ser uma coisa boa ou ruim. Se tivemos boas experiências na solução dos problemas enfrentados no passado, seremos capazes de lidar com eles no futuro. Se nossas experiências foram ruins, então provavelmente continuaremos fazendo as mesmas coisas erradas até chegarmos, um dia, a aprender como lidar com as dificuldades.

Um casal foi acampar nas montanhas, e o guia lhes disse:

— Fiquem atentos porque encontrarão cobras por aí. Mas não se preocupem; elas não são venenosas.

Embora o homem tivesse muito medo de cobras, foi fazer uma caminhada sozinho no dia seguinte. Quando voltou para a barraca onde o casal estava acampado, tinha as roupas rasgadas, estava esgotado e sangrava. A esposa perguntou:

— Meu Deus, o que aconteceu com você?

— Bem — ele respondeu — eu estava caminhando por uma das trilhas mais altas quando vi uma cobra. Pulei de um despenhadeiro de 15 metros de altura.

— Mas, meu bem, você não lembrou do que o guia disse? Ele falou que as cobras não eram venenosas.

— Elas nem precisam ser venenosas se você pula de um despenhadeiro de mais de 15 metros.

O dano já tinha sido causado. Qual era o problema daquele sujeito? O problema não eram as cobras, mas o medo que ele sentia delas. As experiências ruins pelas quais havia passado o fizeram ver o problema da maneira errada.

O ambiente onde estamos

Também podemos ver nossos problemas à luz do ambiente onde estamos. Aqui está um conceito-chave do qual você precisa se lembrar: os problemas que nos cercam não são tão cruciais quanto as pessoas à nossa volta. Não somos dominados por nossos problemas, mas se as pessoas que nos cercam não sabem como lidar com eles, então corremos o risco de ser derrotados.

Há duas maneiras de reagir a um ambiente carregado de problemas. Podemos ser como o jardineiro que se orgulhava muito de seu gramado. Ele o mantinha extremamente bem cuidado. Houve um ano em que seu gramado foi tomado por dentes-de-leão. Ele fez tudo quanto pôde e, ainda assim, não conseguiu se livrar deles. Por fim, frustrado, ele escreveu para o Departamento de Agricultura falando sobre todos os meios que havia usado para impedir a propagação dos dentes-de-leão e perguntando qual atitude deveria tomar diante do problema, pois seus esforços não tinham dado certo.

O Departamento de Agricultura enviou uma resposta: "Tente se acostumar com eles". Não era por aquele tipo de resposta que ele estava esperando. Também não gostamos de ouvir quando alguém nos diz a mesma coisa, mas às vezes esse é o melhor conselho que recebemos. A pessoa que espera viver numa sociedade imune a problemas será tão frustrada quanto aquele sujeito que pensou ser capaz de manter seu gramado livre dos dentes-de-leão.

Há alguns anos, vi um desenho animado que mostrava um garotinho num carro vendo o pai do lado de fora, debaixo de uma chuva torrencial, trocando um dos pneus. O garoto baixou o vidro e perguntou ao pai por que aquilo estava acontecendo com eles. O homem olhou para o menino e respondeu: "Meu filho, você não está entendendo? A vida é assim. Essa é a vida real. Não dá para trocar de canal".

Há uma outra coisa da qual precisamos nos conscientizar. Pode ser que tenhamos sempre dentes-de-leão em nosso jardim, mas não precisamos permitir que eles baguncem nossa vida. Durante a Segunda Guerra Mundial, um jovem soldado casou-se com uma mulher e a levou para o lugar em que ele servia, no deserto da Califórnia. Ela não gostou do deserto; não gostava daquela aridez. O marido estava sempre viajando para executar alguma tarefa, e ela se sentia muito solitária e entediada.

Por fim, a mulher escreveu à mãe: "Mãe, estou voltando para casa. Eu simplesmente não gosto do deserto, não gosto dessa sequidão, não gosto do fato de meu marido estar longe. É um lugar muito feio para se viver". A mãe escreveu apenas duas linhas como resposta à filha: "Dois homens olharam entre as barras da prisão em que estavam. Um viu lama; o outro enxergou as estrelas".

Aquela jovem esposa entendeu a mensagem e decidiu procurar por estrelas. Começou a aprender tudo quanto podia sobre as flores do deserto e os cactos. Estudou a linguagem, o folclore e as tradições dos índios que viviam nas redondezas. Quando a viagem a trabalho do marido acabou, ela estava tão envolvida com o deserto que escreveu um livro a respeito. O problema daquela mulher não era o problema diante dela, mas o modo como o enxergava.

No século XV, toda a Europa foi dominada pelo desespero. Aquela foi, provavelmente, a época mais desestimulante na história do continente. Em 1492, no *Nuremburg Chronicle*, um alemão escreveu que o fim havia chegado. Não havia mais nada pelo que valesse a pena viver. No fim de seu livro, ele deixou muitas páginas em branco, nas quais propunha que o leitor escrevesse sobre quaisquer acontecimentos desencorajadores ou situações desagradáveis pelos quais tivera de passar.

No ano seguinte, um jovem marinheiro retornou ao porto de Portugal contando a mais emocionante das histórias. No meio daquele ambiente de negatividade, Cristóvão Colombo voltou para casa dizendo: "Gente, há um mundo completamente novo lá fora. Tirem os olhos dos problemas. Rasguem essas páginas de seus livros!". Cristóvão Colombo não estava disposto a permitir que o ambiente de sua época determinasse seu sonho. Ele se recusou a deixar que os problemas imediatos orientassem seu futuro.

Avaliação pessoal

Lidamos com problemas proporcionais ao nosso tamanho. Gente grande lida com problemas grandes, e gente pequena lida com problemas pequenos. Quanto melhor a imagem que uma pessoa faz a respeito de si, mais disposta se mostrará a assumir o risco de lidar com um grande problema. Quanto mais frágil for essa imagem, menos disposta a pessoa estará de cuidar daquele problema.

Os problemas podem ser obstáculos temporários, mas só você pode ser um obstáculo permamente para si mesmo. Não dá para resolver nossos problemas de uma maneira incoerente com o modo como nos vemos. Se você se considera uma pessoa de valor, então passará a resolver grandes problemas. Uma das maneiras de dizer se você está se desenvolvendo em termos emocionais e espirituais é analisando o tamanho do problema que está em condições de encarar.

O QUE BUSCAMOS

O tamanho de seu problema é determinado não apenas pela maneira como você o vê, mas também por aquilo que busca na vida. Mais uma vez: seu problema não é o seu problema. Os problemas nos derrotam quando nos falta um propósito. Gente com meta bem definida não permite que um problema seja impedimento para alcançar seus objetivos. Mesmo que alguém deseje cumprir suas metas minimamente bem, essa pessoa precisará cumpri-las de alguma maneira.

Na noite anterior ao primeiro jogo de futebol de que meu filho iria participar, o treinador chamou todos os meninos, mandou-os sentar e disse:

— Para ser sincero, não estou tão interessado em vencer este jogo. Meu desejo é que vocês, garotos, aprendam a jogar futebol. Aprendam as regras, os fundamentos.

Compreendi o que ele estava querendo dizer, mas fiquei muito orgulhoso de meu filho, Joel, quando ele retrucou:

— Mas, sr. Jones, eu quero vencer!

O último conselho que dei a ele foi o de dominar a bola e correr para marcar o gol.

As pessoas que costumam permitir que os problemas sejam um estorvo a seu progresso são aquelas nas quais é impossível identificar um propósito claro para a vida. Quando temos um propósito, quando realmente buscamos e desejamos o melhor, nossos problemas começam a encolher. É dessa maneira que a coisa funciona: conforme o propósito se fortalece, os problemas enfraquecem; os problemas diminuem na proporção que as metas crescem.

APRENDIZADO, EM VEZ DE ÓCIO

Nossos problemas deixam de ser problemas quando buscamos o aprendizado em vez do ócio. Mostre-me uma pessoa que adora aprender sobre a vida e eu lhe mostrarei uma pessoa que lida bem com os problemas. Por sua vez, a pessoa que deseja viver no ócio, para quem a vida nada mais é do que uma grande temporada de férias, se frustrará quando enfrentar as dificuldades.

O psiquiatra M. Scott Peck escreveu muitos livros de sucesso durante anos, incluindo *A trilha menos percorrida*.[1] Peck decidiu fazer alguns estudos de caso relacionados ao tema do mal. Ao realizá-los, ele se convenceu de que o mal era uma realidade, e assim se tornou um cristão. No livro mencionado, ele escreve: "É neste processo de confrontar e resolver os problemas que a vida encontra seu sentido". Peck está afirmando que a vida não faz sentido a não ser quando aprendemos como lidar com nossas dificuldades. Ele diz:

> Os problemas constituem o limite que separa o sucesso e o fracasso. Eles nos estimulam a usar a coragem e a sabedoria; na verdade, eles geram essa coragem e essa sabedoria. É só por causa dos problemas que crescemos em termos mentais e espirituais [...] É por meio do sofrimento de confrontar e resolver as dificuldades que aprendemos. Como disse Benjamin Franklin, "as coisas que nos fazem sofrer servem para nos instruir".

Repare o que ele diz sobre as pessoas que desejam evitar os problemas e os sofrimentos a eles relacionados:

> Por temermos o sofrimento, quase todos nós [...] tentamos evitar os problemas. Costumamos procrastinar [...] esquecê-los, fingir que eles não existem. Chegamos até a usar drogas

[1] Rio de Janeiro: Record, 2004.

> capazes de nos ajudar a ignorar as dificuldades. Desse modo, ao anestesiar a mente, podemos esquecer os problemas que causam esse sofrimento.

Em seguida, ele fala algo que encerra a discussão: "Essa tendência a evitar os problemas e o sofrimento emocional a eles inerente é a base fundamental de todas as doenças mentais do ser humano".

O escritor de Hebreus diz o seguinte a respeito de Jesus: "Ele aprendeu a obedecer por meio daquilo que sofreu" (5:8). Os problemas geram situações a partir das quais podemos crescer. As mesmas coisas que desejamos evitar na vida são aquelas que nos alimentam e moldam para nos tornarmos as pessoas que temos capacidade de ser. O autor de Hebreus não está dizendo que Jesus aprendeu a ser obediente *apesar* das coisas pelas quais passou e do sofrimento a ele imposto; ele diz que o Filho de Deus aprendeu a ser obediente *a partir* daquilo que lhe causou sofrimento.

Líderes eficientes aprenderam esse princípio, e ficam praticamente *felizes* quando surgem problemas na vida. Eles sabem que essas dificuldades os conduzirão para mais perto de Deus e das pessoas com quem devem se relacionar. Esses líderes descobriram que lidar com os problemas de maneira positiva ajuda a desenvolver uma sensação de segurança não apenas pessoal, mas também em Cristo Jesus.

Santidade, em vez de felicidade

Se você analisar a vida daqueles que sofreram muito, como Helen Keller e Joni Eareckson Tada, raramente encontrará céticos entre eles. Os céticos são aqueles que não sofreram tanto, mas ficaram no alto de uma torre observando enquanto os outros enfrentavam dificuldades. São as pessoas que perguntam "por quê?"; aquelas cuja mente está calcificada.

Buscar a santidade, em vez da felicidade, é algo muito difícil de se fazer dentro da cultura na qual vivemos, pois tudo existe em função da felicidade — não importa o que faça a pessoa se sentir bem. Numa sociedade secular, a felicidade é o alvo da vida. Numa sociedade espiritual, a santidade é a motivação de nossos esforços. Jesus afirmou: "Bem-aventurados os puros de coração..." (Mt 5:8). "Bem-aventurado" significa "feliz".

A felicidade só pode ser encontrada, de fato, na santidade. Mas se tentarmos ignorar a santidade em nossa busca pela felicidade, perderemos as duas coisas. A felicidade é produto da santidade. É um benefício gerado a partir de uma vida pura, diretamente relacionada com Deus, consigo e com os outros. Assim, se você deseja ter uma vida de felicidade, procure viver uma vida de santidade.

Soluções, em vez de solidariedade

Quando buscamos soluções, em vez da solidariedade das pessoas começamos a ver as dificuldades sob uma perspectiva diferente. Uma mulher estaria confinada a uma cadeira de rodas por toda a vida, e uma amiga que tentava encorajá-la disse:

— Sabe de uma coisa? As aflições realmente fazem parte da vida, não é?

A mulher na cadeira de rodas respondeu:

— Sim, mas eu escolho a vida.

Muita gente poderia ter seus problemas resolvidos se apenas buscasse a solução em vez da solidariedade dos outros em relação à própria dor. Precisamos nos conscientizar de que nossos problemas continuarão lá, intactos, até que resolvamos dar uma solução a eles. Algumas pessoas optam por se agarrar às suas dificuldades porque gostam quando os outros sentem pena delas. Eu desafiaria essas pessoas a ter a ousadia de enfrentar os problemas. É muito mais gratificante receber a admiração do que a comiseração.

Gostaria de encerrar este capítulo oferecendo a você alguns princípios para a solução de problemas. Lidamos com nossas dificuldades a partir do que vemos e daquilo que buscamos. Se vemos nossos problemas sob o ponto de vista correto e temos um objetivo maior do que eles, não há dificuldade alguma que não sejamos capazes de solucionar. As pessoas mais felizes do mundo não são as que não enfrentam problemas; são as que aprenderam a apreciar as possibilidades de crescimento contidas nas situações de dificuldade.

Princípios para a solução de problemas

Nunca acredite que um problema não tem solução

Essas oito palavras proporcionarão a você a atitude correta em relação à solução dos problemas. Toda vez que encontro alguém enfrentando uma dificuldade, essa é a primeira coisa que digo a essa pessoa. Você até pode estar pensando que existem problemas para os quais não há solução. Eu responderia dizendo que eles só não têm solução para você. Não inclua outras pessoas em seu caso — fale apenas por si.

Não sei como resolver todos os problemas do mundo, mas isso não quer dizer que eles são impossíveis de serem solucionados. Apenas significa que não encontrei a pessoa certa para me ajudar; ou que não me esforcei o suficiente; ou que não dediquei todo o tempo necessário a isso; ou ainda que não pensei bem a respeito. Preciso me valer de outros recursos. Todo problema tem solução.

Certo dia, num seminário de matemática para pessoas altamente graduadas, um professor escreveu um problema jamais solucionado no quadro. Os matemáticos vinham tentando havia anos resolvê-lo. O professor estava tentando explicar às pessoas que não existem respostas simples. Ele disse: "Esse problema não tem solução, mas quero que vocês passem uma hora tentando solucioná-lo".

Uma das pessoas chegou na sala cinco minutos depois de o professor entregar a tarefa. Ele sentou, viu o problema no quadro e começou a trabalhar na solução — à qual acabou chegando — só porque jamais ouvira alguém comentar que não havia uma resposta para ele. Fico pensando em quantas dificuldades eu e você não conseguimos solucionar apenas porque alguém disse que não haveria solução para elas. O primeiro segredo para lidar com os problemas é assimilar a mentalidade correta: todo problema tem solução.

Defina seu problema de forma clara e o coloque por escrito

Você precisa ver o problema diante de si. Não pense nele — coloque-o no papel. Até que consiga visualizá-lo, há o risco de confundir os sintomas com o problema em si. Ao escrever de maneira clara, você consegue separar os sintomas dos problemas reais. Quando começar a visualizar a questão como um todo, sua mente passará a enxergar as soluções.

Organize-se para dividir e derrotar suas dificuldades

Os generais que conhecem estratégias militares eficientes não atacam todas as frentes ao mesmo tempo; eles procuram uma área mais fraca e concentram o ataque nesse ponto até conseguir penetrar nas linhas inimigas. Essa tática específica funciona em qualquer tipo de batalha. Se você tem um problema que precisa ser atacado, divida-o em partes. Suponhamos que você olhe para esse problema e encontre cinco áreas de dificuldade. Analise qual área permite uma solução mais rápida. Em seguida, cuide daquela necessidade. Assim, o problema terá sido um pouco reduzido. Já não são cinco partes, mas quatro. Aí é hora de passar para a parte seguinte. E siga em frente até que o problema tenha sido totalmente solucionado.

Faça uma lista de pessoas ou outras fontes de idéias que possam ajudar a resolver o seu problema

Comece a juntar recursos que possam ajudar você a resolver a dificuldade — livros, programas de televisão, pessoas. Ninguém é uma ilha nem consegue resolver os problemas sozinho. Esta é uma área que costuma ser negligenciada quando se trata de pensar em soluções para os problemas. É muito comum as pessoas tentarem resolver suas dificuldades usando os próprios e limitados recursos em vez de usar a experiência da ajuda externa.

Pense em todos os cursos de ação possíveis e faça outra lista

Coloque no papel cinco ou seis soluções possíveis. Muita gente não resolve os problemas que enfrenta porque só tenta uma alternativa. Se aquilo não funciona, chega à conclusão de que a dificuldade não tem solução. Descobri o seguinte: se consigo separar um tempinho para colocar no papel todas as minhas opções e só então começo a atacar o problema a partir de diferentes perspectivas e pontos de vista, no mínimo uma alternativa será uma solução viável.

Visualize esses diferentes cursos de ação

Pense a respeito de todo o processo antes de tentar atacar o problema efetivamente. Você estará em melhores condições de eliminar algumas das opções disponíveis, pois ficará bem claro quais delas não funcionarão bem.

Escolha o melhor curso de ação e siga em frente

Não pare na escolha; siga em frente. Não banque o filósofo, que vê a dificuldade, mas não procura a solução. Veja o problema, escolha o melhor curso de ação e siga-o.

Nunca permita que os problemas impeçam você de tomar a melhor decisão

Muitas vezes somos tentados a viver com problemas porque, no caso de os solucionarmos, é possível alguém sair magoado. Não se prive da resposta certa, trocando-a por uma saída mais cômoda. Isso é especialmente importante na liderança espiritual porque a nossa tendência é a de fazer aquilo que soa melhor diante daqueles a quem lideramos. Não queremos magoar ninguém; não queremos mudar as estruturas. Há muito tempo aprendi que os verdadeiros líderes sempre tomam a decisão certa, independentemente de ser ou não uma solução que os outros assimilarão com facilidade.

Também aprendi que muita gente nunca soluciona seus problemas porque espera demais. Mesmo depois de descobrir qual é a melhor opção, elas esperam, torcendo para que os problemas venham a se resolver por conta própria. No livro *Vencendo a crise*,[2] Thomas J. Peters e Robert H. Waterman defendem que um laboratório é capaz de produzir soluções, mas não pode fazer essas soluções funcionarem. É possível passar o dia inteiro dentro do laboratório com os camundongos, mas seus problemas não desaparecerão. É preciso pegar essa solução e aplicá-la ao problema.

[2] São Paulo: Harper and Row do Brasil, 1983.

O que você vê e o que você busca determina seu sucesso ou seu fracasso

O sucesso na solução de problemas está mais relacionado à pessoa do que ao problema. Você pode não optar por seu problema, mas pode escolher a reação. Não se trata do que acontece com você, e sim do que acontece em você. Seu problema não é o seu problema — a partir do momento que você passa a vê-lo da maneira correta e começa a buscar objetivos elevados em sua vida.

10

O fracasso não é o fim

Pode ser difícil para você acreditar nisso, mas as pessoas bem-sucedidas enfrentam fracassos com quase tanta freqüência quanto aquelas que não alcançam o sucesso. Na verdade, de maneira geral, as pessoas de sucesso falham em duas de cada três tentativas de fazer algo, enquanto aquelas que não são bem-sucedidas falham em três de cada cinco, em média. Não parece uma diferença tão grande assim, não é verdade? De fato, há muitas semelhanças entre a pessoa que erra três em cada cinco vezes e a que falha duas vezes em cada cinco, embora uma seja classificada como bem-sucedida e a outra não.

A primeira semelhança é que todo mundo pode errar. Não há uma pessoa que nunca tenha passado por algum tipo de experiência de fracasso. A segunda semelhança é que todo mundo erra com freqüência. Ninguém comete um erro uma vez e sai por aí, vivendo cheio de cuidados, como se nunca mais fosse cometer um outro erro na vida. O fracasso é um tipo de experiência pela qual passamos todos os dias.

Em terceiro lugar, continuaremos a cometer erros até o último suspiro de vida. A morte, em si, é a única coisa capaz de nos impedir de errar. Às vezes, a sensação que tenho é a de que as pessoas estão tentando caminhar na direção do túmulo na pontinha dos pés, com a maior segurança possível, sem vacilar em nada, nem tropeçar na estrada.

Por que o fracasso consegue destruir alguns e erguer outros? Como posso permitir que os erros cometidos façam de mim uma pessoa melhor? Muita gente se concentra no fracasso em vez de focar no sucesso. Poucas se concentram no sucesso, e não no fracasso. É aqui que reside o segredo.

Você já teve a oportunidade de ouvir alguém dizer: "Não vou cometer um erro aqui. Vou evitar todas as armadilhas!"? Logo depois, essa pessoa faz exatamente aquilo que estava tentando evitar a todo custo. Sabe o que aconteceu? Ela se concentrou na queda, no erro, na falha, no problema que apareceu na frente dela. Como afirma o provérbio, a pessoa é aquilo que está em seu coração.

Ray Meyer, treinador de basquete da Universidade de DePaul por 42 anos, venceu 42 temporadas consecutivas antes de se aposentar. Numa dessas temporadas, o time que dirigiu teve uma seqüência de 29 vitórias seguidas jogando em casa, até perder um jogo. Os jornalistas estavam ansiosos para entrar no vestiário e entrevistar Meyer. Queriam perguntar sobre aquela derrota e ver até que ponto ela o havia afetado. Ele era todo sorrisos, e disse: "É muito bom. Nos últimos dez, doze dias, ficamos pensando só nas vitórias consecutivas. Em todos os jogos, estávamos tentando não perder. Agora que perdemos um jogo, podemos voltar a nos concentrar nas vitórias". Aqueles que se concentram no fracasso se programam para o fracasso.

Um dia, quando os Raiders jogaram em Oakland, um jornalista foi ao vestiário para falar com Ken Stabler. Stabler, de fato, estava longe de ser um intelectual, mas se consagrara como um ótimo lançador. Aquele repórter leu para ele alguma coisa de literatura inglesa:

> Eu prefiro ser cinzas, e não poeira. Prefiro que minha centelha gere uma fogueira a ser apagada no meio de restolho seco.

> Eu prefiro ser um meteoro majestoso, todo átomo em mim gerando incandescência magnífica, a ser um planeta morto e fugaz. A própria função do homem é viver, não só existir. Não desperdiçarei meus dias na tentativa de prolongá-los. Tornarei meu tempo útil.

Depois de ler isso ao jogador, o repórter perguntou:
— O que tudo isso significa para você?
Stabler respondeu na mesma hora:
— Capriche no lançamento.
Persiga esse objetivo; siga em frente para vencer na vida.

Trate o fracasso como um amigo

A segunda observação que desejo fazer é que muita gente trata seus fracassos como inimigos. Elas olham para o erro cometido e enxergam nele um rival. Esse tipo de pensamento, em si, é um erro; o fracasso deve ser tratado como um amigo. Sua reação ao fracasso determina o que você faz com ele. Se você tratar seu erro como um inimigo, por exemplo, se esconderá dele. Toda vez que fracassar em determinada área, tentará fugir dela, seja qual for — um emprego, o casamento, um relacionamento ou mesmo um *hobby*. Se você tratar seu fracasso como um inimigo, então levará os erros que cometer muito a sério. Será dominado pela ansiedade. Todo erro cometido será uma situação de vida ou morte.

Olhando a questão por outro ângulo, se você pode ver o fracasso como um aliado, um amigo, então reagirá a ele de maneira positiva. Somente quando você é honesto e sincero em relação a um erro consegue aprender alguma coisa com ele. Quando paramos e pensamos em quantas vezes arruinamos alguma coisa, parece uma vergonha permitir que todas aquelas tentativas frustradas sejam desperdiçadas. Portanto, aprenda com seus erros; depois, aprenda a rir deles. Nenhum fracasso é tão significativo a ponto de fazer alguém afundar de vez.

Quando pastoreei minha primeira igreja, um amigo de faculdade também estava iniciando seu ministério pastoral em uma igreja a pouco mais de 30 quilômetros de distância. Procurávamos nos reunir uma ou duas vezes por mês para almoçar ou jantar junto com nossas esposas. Sendo um novato, eu estava cometendo um monte de erros — arruinando várias coisas todos os dias! Assim, quando nos reuníamos, eu falava a respeito desses meus erros e falhas.

Depois de dois ou três encontros, percebi que Mike não falava muito; ele e a esposa ficavam na defensiva. A mulher dizia coisas deste tipo: "Oh, Mike, você não faria isso"; ou: "Mike nunca permitiu que isso acontecesse com ele". Minha esposa, por sua vez, dizia: "Precisavam ter visto como John lidou com aquela situação"; e: "John arruinou tudo em alto estilo ontem". Parecia que Mike nunca cometia um erro. Se havia um problema na igreja que ele pastoreava, a culpa era sempre das outras pessoas.

Tivemos uma série de encontros depois daquele primeiro ano de ministério, e num jantar, certa noite, ele estava falando sobre as pessoas esquisitas da igreja que pastoreava.

— Esse fulano não faz isso, aquele sicrano não faz aquilo.

Depois de mais ou menos trinta minutos, a conversa de Mike estava começando a me enjoar. Pensei: "Não posso deixar que ele continue a falar dessa forma". Coloquei o garfo sobre o prato e disse:

— Mike, quero dizer uma coisa a você. Sabe por que você tem tanta gente esquisita em sua igreja?

Ele também colocou o garfo no prato e disse:

— Não, mas gostaria de saber.

Então eu respondi:

— É porque você é o mais esquisito.

De repente, minha digestão passou a funcionar muito bem, mas aí era Mike quem não conseguia mais comer direito!

Dois anos depois, ele me ligou para dizer que estava deixando aquela igreja de esquisitos e indo para outro estado, onde pastorearia uma igreja "muito" boa. Ele não havia aprendido nada com as falhas que cometera porque as via como inimigas. Lembro de desligar o telefone e comentar com Margaret: "Mike está indo para outra igreja em outro estado. Não dou seis meses para ele descobrir como lá também tem gente esquisita. Se Mike não começar a reconhecer que o problema é com ele, se não entender que precisa mudar, enfrentará ainda mais problemas".

Não deu outra: ele só durou seis meses na nova igreja. Dessa vez o problema não se limitava aos esquisitos da congregação — incluía também o superintendente regional esquisito da denominação e todos os esquisitos que o cercavam. Por isso, ele decidiu iniciar uma igreja independente. Da última vez que ouvi falar dele, estava fora do ministério. O que aconteceu? Ele só olhava para os erros como inimigos, e sempre jogava a culpa sobre os outros.

Há uma grande verdade no ditado que diz o seguinte: uma pessoa não é um fracasso até começar a colocar a culpa sobre os outros. Lembra de Jimmy Durante, o comediante com um narigão? Muitas pessoas teriam pegado aquele nariz e escondido em alguma esquina da vida, mas não Jimmy. Alguém perguntou a ele, certa vez, como fazia para conviver com aquele nariz de proporções imensas, e ele respondeu da seguinte forma: "Todos nós temos nossos traços marcantes".

Ele quis dizer que todo mundo tem algum tipo de peculiaridade. Se nosso "traço marcante" não é no rosto, é em algum outro lugar — talvez na mente ou nos hábitos que cultivamos. Quando reconhecemos esses traços marcantes, em vez de tentar justificá-los, não importa onde estejam localizados, começamos a rir de nós mesmos, e ao fazermos isso, o mundo passa a rir conosco.

Separe um tempinho e coloque por escrito o último grande erro que você cometeu. Deve levar mais ou menos uns três segundos para lembrar. Como você reagiu àquela situação? Esse fracasso foi seu amigo ou seu inimigo?

Veja o fracasso como uma situação momentânea

Muita gente, ao fazer algo errado, levanta um monumento àquele erro e passa o resto da vida prestando homenagens. Poucos de nós enxergam o fracasso como uma situação momentânea, uma experiência passageira. Você constrói um monumento quando comete um erro ou olha para esse fracasso apenas como algo que aconteceu em determinado momento e já ficou para trás?

Charles Kettering disse: "Praticamente nada dá certo na primeira vez. As falhas que se repetem são como sinais colocados ao longo da estrada das realizações. A única vez em que você nunca erra é a última vez que tenta fazer alguma coisa e dá certo. Quem erra, progride". Gosto dessa frase: "Quem erra, progride".

As pessoas erguem monumentos em homenagem aos próprios erros quando pensam: "Tentei, mas não funcionou. Disseram que era impossível, e tinham razão". Mark Twain disse que, se um gato sobe num fogão quente, nunca mais voltará a subir num fogão. O problema é que o gato nunca mais subirá num fogão frio também. Ele simplesmente deixará de subir em fogões porque, toda vez que encontrar um, verá nele um fracasso em chamas. Abraham Lincoln afirmou, com propriedade: "Minha maior preocupação não é saber se você errou, mas se você se contentou com seu erro".

O que mais as pessoas colocam em seus monumentos ao fracasso além de desculpas como: "Tentei, mas não funcionou"; e: "Disseram que era impossível mesmo"? Que tal: "Eu devia ter feito aquilo!"? Tem gente que passa a vida inteira com remorso por não ter feito algo em vez de tomar a iniciativa. Elas nunca se aventuram na arena da ação; apenas sentam, tristes, à beira da estrada e ficam se remoendo de remorsos.

Outras dizem: "Nunca mais permitirei que me magoem". Elas procuram manter uma distância tão grande das coisas que representam algum tipo de risco que a vida acaba passando por elas também. Essas pessoas testemunharão a alegria daqueles que assumem riscos, mas nunca terão a mesma sensação experimentada por eles.

Outra frase famosa inscrita no monumento ao fracasso é a que diz: "Não consigo mudar. Sou assim mesmo, desse jeito". É equivalente ao que algumas pessoas escrevem em outro monumento: "Líderes nascem assim, ninguém os faz, e eu não sou um líder. Nasci no lado errado da vida. Não consigo evitar".

Há algo curioso a respeito dos que erguem grandes monumentos ao fracasso: elas não querem assumir a responsabilidade pela construção. Não estão dispostas a aceitar a culpa. Para elas, é bem mais fácil atribuir os erros que cometem a outras pessoas. A filosofia de vida que abraçam é esta: "As circunstâncias me fizeram a pessoa que sou".

Veja o fracasso de dentro para fora

Minha quarta observação é a seguinte: muitas pessoas têm uma visão ampla demais do fracasso. Não hesitam em classificar uma tentativa como um fracasso. Se não conseguem ver resultados externos positivos imediatos, acham que se trata de um fracasso de grandes proporções. O fracasso não é resultado externo: é uma atividade interna.

Certa vez, Thomas Edison estava fazendo experiências para chegar a uma borracha natural. Nessa pesquisa, ele fracassou 50 mil vezes. O assistente comentou:

— Sr. Edison, já fizemos 50 mil tentativas e não chegamos a nenhum resultado.

Ele estava pronto para desistir. Via os fracassos de fora para dentro. Mas Edison respondeu:

— Resultados? Chegamos a resultados maravilhosos! Agora conhecemos 50 mil maneiras de proceder que não dão certo.

Thomas Edison sabia que havia apenas uma coisa que significava fracasso de fato: a desistência.

Costumamos ver pessoas que fracassam com freqüência seguir esta filosofia: se você não for bem-sucedido logo de cara, destrua todas as evidências de que tentou fazer aquilo. Essas pessoas vêem os erros a partir do exterior. O que o mundo considera um fracasso evidente muitas vezes se transforma num grande êxito. Se você analisar a história, verá como o mundo colocou o rótulo de "fracasso" em algumas coisas que se revelaram grandes sucessos da humanidade.

Eis alguns exemplos: o banqueiro do estado de Iowa que disse a Alexander Graham Bell para pegar seu *brinquedinho* (um telefone) e sair de seu escritório; o produtor de Hollywood que escreveu "rejeitado" no roteiro do filme *E o vento levou...*; o homem que mais investia em Henry Ford, mas que, em 1906, vendeu todas as suas ações da empresa; o sr. Roebuck, que vendeu a parte dele na rede de lojas Sears por 25 mil dólares porque achou que o negócio nunca decolaria. (A última informação que li a respeito da Sears é que a empresa vendia 25 mil dólares em produtos a cada 16 segundos.) Você vê o fracasso de fora para dentro ou de dentro para fora?

Fracasso para o sucesso

Muita gente que comete erros nunca os usa para benefício pessoal. Existe uma coisa que podemos chamar de "fracasso para o sucesso". Toda vez que você aprende alguma coisa com um erro, significa que deu um passo grandioso rumo ao sucesso.

Li um artigo maravilhoso sobre liderança há algum tempo no qual o autor analisava o seguinte fato: uma característica distintiva entre os líderes de sucesso e seus seguidores é que eles aprendem com seus fracassos. Permita-me citar algumas declarações daquele artigo:

> Os líderes usam sua energia de maneira apropriada porque aprendem com o fracasso e, por essa razão, podem alcançar objetivos mais elevados. Quase todo passo em falso é encarado por eles como uma oportunidade e não como o fim do mundo. Eles estão convencidos de que podem aprender e, mais importante ainda, de que suas empresas podem aprender com os erros cometidos.

Tom Watson, que fundou a IBM, contava com um executivo que gastou 12 milhões da empresa numa experiência fracassada. Aquele homem colocou seu pedido de demissão sobre a mesa de Watson e disse:

— Tenho certeza de que o senhor quer que eu vá embora da empresa.

— Não — respondeu Watson — não quero sua demissão. Tudo o que fiz foi gastar 12 milhões em sua formação. Agora está na hora de começar a trabalhar.

Watson sabia da existência do "fracasso para o sucesso".

Fracassamos para o sucesso quando *somos mobilizados pelo desejo de continuar tentando*. Os reveses que parecem ter o poder de nos aniquilar também podem nos impelir a seguir em frente até chegar ao topo. A mula favorita de certo fazendeiro de Louisiana caiu num poço. Depois de analisar a situação, o fazendeiro chegou à conclusão de que não seria capaz de puxar a mula para fora, por isso a melhor coisa a fazer era sepultá-la ali mesmo. Arranjou um caminhão de areia, deu a marcha a ré até chegar perto do poço e começou a derramar o conteúdo da caçamba.

Quando a areia bateu na mula, ela começou a bufar e se movimentar. A cada movimento que fazia, conseguia subir mais um pouco para ficar na parte mais alta do monte de areia que enchia o poço. Assim, o fazendeiro continuou a derramar areia até que a mula bufou e saltou para fora. Ela conseguiu escapar. Agora era uma mula bem mais suja, mas bem mais sábia também. O que começou com a intenção de ser o túmulo da mula se transformou no meio de salvação para aquele animal. Aí está um caso de fracasso para o sucesso.

Fracassamos para o sucesso quando *vemos nossos erros e estamos dispostos a mudar*. O maior erro que podemos cometer é o de não corrigir o erro original. Quando identificamos o que deu errado, devemos fazer todos os esforços possíveis para assegurar que aquilo não voltará a acontecer.

Fracassamos para o sucesso quando *descobrimos nosso "eu" verdadeiro*. Ao ler as biografias de homens notáveis, fiquei impressionado com duas coisas. A primeira é que algumas das pessoas mais bem-sucedidas do mundo começaram com a fama de fracassadas; a segunda é que, por terem fracassado, conseguiram descobrir um propósito para a vida. Vou fornecer a você alguns exemplos.

Nathaniel Hawthorne foi demitido de seu cargo numa loja na cidade de Salem, no estado de Massachusetts. Ele voltou para casa depois de perder o emprego sentindo-se intimamente derrotado. A esposa disse a ele: "Agora você já pode escrever aquele livro que sempre quis". O resultado daquele conselho foi *A letra escarlate*.[1] James Whistler fracassou em West Point. Então decidiu tentar a pintura. Todo mundo conhece seu sucesso. Phillips Brooks começou como professor, mas não conseguia exercer a função em sala de aula, por isso foi para o seminário e veio a se tornar um pregador extraordinário. Esses homens experimentaram o fracasso para o sucesso.

NUNCA DESISTA POR CAUSA DO FRACASSO

Muita gente jamais toma a iniciativa de começar por causa do medo do fracasso; poucos são os que nunca desistem, apesar dos fracassos. Samuel Johnson afirmou: "Nada será tentado se todos os obstáculos possíveis tiverem de ser removidos primeiro". Você já deixou de começar alguma coisa porque queria ver todas as condições perfeitas antes de dar início àquela empreitada? Se é esse o seu critério para assumir um risco, nunca conseguirá realizar coisa alguma. A perfeição não garante o sucesso; pelo contrário, pode ser um impedimento.

Começar é o primeiro passo para alcançar o sucesso. Muitas pessoas não chegam ao topo da escada porque não tentam com a freqüência necessária. Elas têm medo do fracasso. Em 1915, Ty Cobb estabeleceu um recorde no beisebol: 96 bases conquistadas. Sete anos depois, Max Carey, do Pittsburgh Pirates, se tornou o segundo melhor, com 51 bases conquistadas. Isso significa que

[1] Rio de Janeiro: Ediouro, 1993.

Cobb era duas vezes melhor do que Carey, seu rival mais próximo? Vejamos os fatos: Cobb fez 134 tentativas; Carey, apenas 53. Cobb errou 58 vezes; Carey só errou duas. A média de Cobb foi de apenas 71%; a de Carey foi de 96%.

A média de Carey foi muito melhor que a de Cobb. Cobb tentou 81 vezes mais do que Carey. Mas aqui está o segredo: as 81 tentativas a mais que ele fez produziram 44 bases conquistadas a mais. Cobb arriscou-se a fracassar 81 vezes mais na mesma temporada que Carey, seu maior rival. Com isso, Cobb entrou para a história como o maior corredor de bases de todos os tempos. Sabe o motivo? Porque Ty Cobb recusou-se a fracassar.

Babe Ruth rebateu 714 *home runs.*[2] Ele errou 1330 vezes. Quando Ruth errava uma rebatida, não ficava aborrecido. Continuava sorrindo e se preparando para rebater mais uma bola, girando o taco. Durante um período ruim de sua carreira, um repórter perguntou a ele:

— Como você faz para não se sentir desencorajado?

Ruth respondeu:

— Penso na lógica da média. Eu me conscientizo de que, pela média, minha chance de acertar será maior se eu continuar preparado para rebater. Na verdade, quando erro, sinto pena do arremessador porque sei que, mais cedo ou mais tarde, ele vai pagar por isso.

Continue girando o taco

Meu sobrinho Eric estava jogando sua primeira partida na Liga Infantil de Beisebol. Era o membro mais jovem de sua equipe, por isso fui ao jogo para *dar uma força.* Era a primeira passagem de Eric pela posição de rebatedor, e ele estava apavorado com

[2] No beisebol, rebatidas que não podem ser alcançadas. (N. do T.)

aquela situação. Do outro lado, preparando-se para arremessar, estava o maior jogador do time adversário. O maior garoto é sempre aquele que arremessa, e o nome dele é sempre Butch.

Não deu outra: Butch arremessou com toda a força três bolas seguidas, sem que Eric conseguisse rebater. Meu sobrinho nem chegou a tentar. O taco não saiu de cima de seu ombro. Eu pude ver como ele ficou aliviado quando saiu daquela posição de rebatedor e voltou para o banco. Mas o treinador ficou furioso. Ele gritava com Eric por não ter sequer girado o taco — o problema nem era o de não ter rebatido —, e os torcedores ficaram irados. Decidi que isso não podia acontecer com um de meus parentes. Fui até meu sobrinho e falei:

> Eric, não sei o que esse treinador falou com você, mas deixe-me dizer uma coisa: o objetivo desse jogo não é bater na bola. O objetivo do jogo é girar o taco. Não se preocupe em acertá-la. Apenas tome seu lugar da próxima vez e gire o taco. Toda vez que o Butch arremessar a bola, você pega o taco e gira. As três vezes. Vou ficar torcendo por você.

Chegou a vez de Eric novamente. Dessa vez, a bola já estava na mão do pegador antes mesmo que Eric percebesse por onde ela havia passado, mas ele girou o taco. Fiquei de pé e gritei: "Valeu, garoto! Valeu!". O resto da torcida olhou meio desconfiada para mim, achando que eu estava exagerando. No arremesso seguinte, Eric girou o taco e errou. Não tinha importância. "Valeu, garoto! Valeu mesmo!", gritei. Ele perdeu a terceira, mas eu estava de pé, torcendo pelo meu sobrinho.

Eric estava todo orgulhoso, pois fez o que esperavam que ele fizesse, ou seja, girar o taco. Assim, meu sobrinho ficou feliz; eu fiquei feliz. Só que Margaret estava no jogo comigo, e ela não estava nem um pouco feliz. Achou que eu tinha feito papel de bobo, e comentou: "Acho que vou ficar no carro e pegar um livro para ler".

Fui até Eric, fiz um carinho em sua cabeça e disse: "Aquilo que você fez foi ótimo. Da próxima vez que o Butch arremessar, gire novamente o taco três vezes". Ele se levantou do banco um pouco mais confiante dessa vez, pois tudo o que tinha de fazer era girar o taco. Butch conseguiu eliminá-lo de novo, mas eu o aplaudi de pé.

Eu sabia que, durante a temporada da Liga Infantil, se Eric continuasse girando o taco, em algum momento conseguiria acertar a bola. E foi o que aconteceu. Quando Eric jogou pela quarta vez, a bola acertou o taco acidentalmente. Corri junto com ele até a primeira base, torcendo o tempo todo: "Não pare, Eric! Continue assim!". Quando Eric conseguiu chegar à terceira base, eu estava correndo perto dele de novo, e completamos juntos aquela jogada.

Muita gente fica no banco da vida. Nunca gira o taco. Nunca encara o desafio de pegar uma bola rápida ou de efeito. Essas pessoas podem se tranformar em gerentes de equipes, carregadores de tacos, mas nunca entram no jogo. Um dia, pararão e se perguntarão por que jamais saíram daquela pasmaceira.

Ver que a vida está passando por você pode ser uma situação que conduz à depressão, mas aqui está a boa notícia: o fracasso não é o fim. Quer dizer que você nunca entrou em campo para jogar? Ou tentou, mas não conseguiu? Eu sou eliminado pelo arremessador todos os dias de minha vida, mas, para mim, está tudo bem. Pegue o seu taco e comece a girar. Faça o melhor que puder, e então verá a diferença que Deus fará em sua vida.

11

Sua decisão determina seu destino

Hoje é dia de tomar decisões — assim como são todos os outros dias de minha vida. Na verdade, comecei o dia com a decisão de me levantar da cama. Minha decisão seguinte, que aparentemente não foi a melhor, tinha a ver com a roupa que eu vestiria. Quando saí do quarto, todo faceiro, para encarar o mundo, minha filha Elizabeth deu uma olhada e disse, da maneira mais gentil e amorosa que podia: "Papai, a gravata está legal, mas acho que o senhor poderia ter escolhido um paletó melhor". Dez minutos de um novo dia, e eu já havia tomado uma decisão errada!

Neste capítulo, quero ajudar você a compreender que tomar decisões é um processo que, se devidamente treinado, o capacitará a decidir melhor, para a glória de Deus. Josué, na passagem bíblica bem conhecida como "escolham hoje", fornece um excelente exemplo do que acontece quando tomamos as decisões certas. Perto da morte, Josué se despede do povo com um discurso. Primeiro, lembra das bênçãos que Deus derramara sobre os filhos de Israel. Em seguida, diz:

> "Agora temam o Senhor e sirvam-no com integridade e fidelidade. Joguem fora os deuses que os seus antepassados adoraram além do Eufrates e no Egito, e sirvam ao Senhor. Se, porém, não lhes agrada servir ao Senhor, escolham hoje a quem irão

> servir, se aos deuses que os seus antepassados serviram além do Eufrates, ou aos deuses dos amorreus, em cuja terra vocês estão vivendo. Mas, eu e a minha família serviremos ao SENHOR". Então o povo respondeu: "Longe de nós abandonar o SENHOR para servir outros deuses! Foi o próprio SENHOR, o nosso Deus, que nos tirou, a nós e a nossos pais, do Egito, daquela terra de escravidão, e realizou aquelas grandes maravilhas diante dos nossos olhos. Ele nos protegeu no caminho e entre as nações pelas quais passamos. Além disso, o SENHOR expulsou de diante de nós todas as nações, inclusive os amorreus, que viviam nesta terra. Nós também serviremos ao SENHOR, porque ele é o nosso Deus".
>
> Josué 24:14-18

Podemos tirar muitas conclusões relacionadas ao processo de tomada de decisões a partir desses poucos versículos. *Em primeiro lugar, os líderes levam as pessoas ao ponto de terem de tomar decisões.* Josué conduziu seu povo no processo de tomada de decisão. Como líderes, eu e você somos responsáveis por levar as pessoas sob nossa liderança a tomar algumas decisões necessárias na vida. Nossa jornada nada mais é do que um processo contínuo de tomada de decisões. Quanto melhor nos sairmos na condução das pessoas para que tomem decisões corretas, mais eficaz será a nossa liderança.

A segunda conclusão a que podemos chegar depois de ler essa parte das Escrituras é a seguinte: *muitas coisas na vida são decididas por outras pessoas e, por isso, estão além de nosso controle.* Josué percebeu isso quando concluiu que as pessoas, por natureza, são sujeitas a outras. Não temos escolha. Há muitas outras circunstâncias na vida sobre as quais não temos a menor ingerência. Não tivemos nenhuma participação quando foi decidido que o sol nasceria hoje. Não decidimos se choveria ou faria sol. Não escolhemos quando e onde nasceríamos, assim como não escolhemos nossos pais.

No entanto, conforme crescemos e nos tornamos independentes, a conclusão número três entra em jogo: *há muitas escolhas na vida que podemos fazer.* Josué percebeu que seu povo não poderia optar por servir ou não, mas tinha a possibilidade de escolher a quem servir. Nem sempre podemos escolher as circunstâncias, mas podemos escolher o que fazer com elas.

A quarta conclusão tem a ver com responsabilidade: *não apenas podemos tomar as decisões certas, como também somos responsáveis por fazer isso.* Acho interessante ver que, quando Josué apresentou as opções possíveis diante dos filhos de Israel, ele fez a seguinte declaração: "Escolham hoje a quem irão servir". Em outras palavras, Josué olhou dentro dos olhos do povo e disse àquelas pessoas que elas eram responsáveis pela decisão que viessem a tomar. Ele estava dizendo: "Posso ser o líder de vocês. Posso fazer o melhor que puder para levar vocês ao ponto de ter de tomar uma decisão. Mas a escolha continua sendo de vocês. Precisam escolher por si".

O ponto mais importante que posso destacar neste capítulo — e o mais importante que podemos aplicar na vida — é que a posição na qual você se encontra hoje é, muito provavelmente, resultado de decisões tomadas ontem. Enquanto você não assumir a responsabilidade por suas decisões e pelas ações que delas resultarem, sempre estará à procura de um bode expiatório para culpar por seus problemas.

Eu e você somos responsáveis por nossas escolhas. Esta é uma das lições mais importantes que podemos ensinar aos filhos. Quando tivermos ensinado nossos filhos a assumirem a responsabilidade por suas decisões e a serem capazes de dizer: "Eu estava certo"; ou: "Eu cometi um erro", então teremos ajudado a promover a maturidade deles.

A conclusão número cinco é esta: *quanto mais cedo fazemos as escolhas certas, melhor.* Repare que Josué disse: "Escolham *hoje*". Ele não complementou, dizendo: "... se vocês se sentirem à vontade para isso"; ou: "... se lhes parecer conveniente". Josué sabia que retardar a decisão poderia levar o povo à destruição.

Sexta conclusão: *os líderes precisam decidir primeiro.* Com freqüência, quando observo um líder que não está levando seu povo a progredir, fica muito claro para mim como esse líder está esperando seus seguidores decidirem qual será o próximo passo a ser dado. Essa tática nunca funciona. Aqui está uma das razões: "Quem está no topo está sozinho". Alguém precisa tomar a frente da multidão e fazer as escolhas. Um bom líder deve demonstrar disposição de levantar a cabeça acima do povo para ver qual a melhor direção a tomar.

Foi exatamente isso que Josué fez. Ele se colocou em posição de liderança diante da congregação e declarou, sem hesitar: "Mas, eu e a minha família serviremos ao SENHOR". Ele não sabia para onde o povo estava indo, que direção iriam tomar. Mas declarou, de maneira ousada, para onde ele estava indo. Josué sabia que os líderes são os primeiros a tomar as decisões; não esperam as pessoas decidirem o que fazer para só então subir no trio elétrico e pegar carona com elas.

A conclusão número sete é um corolário da número seis: *a escolha do líder influencia as outras pessoas.* Se você é um líder ou uma líder de sucesso, a partir do momento que fizer sua escolha, as pessoas seguirão, assim como aconteceu com Josué. Na verdade, esse é o teste mais árduo da liderança. Quando toma uma decisão, as pessoas seguem você?

Leia novamente o versículo 18: "Nós também serviremos ao SENHOR, porque ele é o nosso Deus". Você reparou na palavra "também"? Na verdade, as pessoas estavam dizendo: "Serviremos ao Senhor porque você o serve, Josué". E o versículo 31 diz o seguinte: "Israel serviu ao Senhor durante toda a vida de Josué e dos líderes que lhe sobreviveram e que sabiam de tudo o que o Senhor fizera em favor de Israel". O líder que reconhece o poder implícito no processo de tomada de decisões tem uma enorme capacidade para influenciar as pessoas que lidera.

Evidentemente, é necessário mais do que uma ordem do tipo "vamos fazer isso" para se tomar uma decisão. Na verdade, o processo de tomada de decisões é muito complexo. Mas se você pretende se tornar um líder ou uma líder que as pessoas seguem, o tempo dedicado à compreensão desse processo valerá a pena. Ele envolve cinco fases progressivas. Para efeito de ilustração, vou mostrar a você como foi um processo de tomada de decisão dos mais difíceis para mim: o chamado para me tornar pastor da Igreja Wesleyana Skyline.

Estágio 1: dos fundamentos

Antes de poder tomar uma decisão sábia, você precisa compreender o histórico que produziu aquela circunstância. Por que as pessoas sob a sua liderança estão em determinada situação hoje em dia? Quem tomou as decisões que as conduziram até ali? É impossível se envolver numa situação e assumir o controle sem levantar algumas informações relacionadas ao histórico que a gerou.

Quando o comitê da igreja Skyline responsável pela escolha do pastor me ligou e perguntou se eu poderia pensar na hipótese de me candidatar ao cargo, respondi que poderia. Eu já conhecia a igreja. Minhas impressões a respeito dela eram favoráveis. Mas havia uma questão muito importante sobre a qual eu precisava saber antes de me comprometer com a igreja. Ao voltar para casa, em Ohio, depois de minha primeira viagem para participar de uma reunião com o comitê, passei o tempo todo do vôo examinando uma caixa com informações sobre o histórico da congregação. Li atas, relatórios financeiros, tudo quanto fosse útil para me ajudar a compreender melhor a história daquela igreja.

Havia sete perguntas que eu precisava responder — e que você também precisa — antes de poder dizer que havia completado o processo dos fundamentos.

Como é esse histórico?

A organização possui um histórico de sucesso ou de fracasso? Antes de assumir a igreja Skyline, fiquei sabendo que ela tinha um histórico de crescimento contínuo, liderança espiritualmente saudável e boa reputação diante da comunidade em que estava localizada.

Quem são (ou foram) as pessoas-chaves?

Que pessoas ocuparam os cargos de liderança? Na Skyline, o pastor Orval Butcher ocupava a posição de liderança mais importante, mas outras pessoas e organizações também exerciam forte influência. Descobri depois que dois grupos na igreja eram os mais respeitados: os músicos e os missionários. Dispor dessa pequena informação me capacitou a saber o que aquelas pessoas consideravam mais importante.

Qual é a filosofia daquelas pessoas?

É uma filosofia positiva, progressista, visionária? Será que é compatível com a minha filosofia?

Qual é o padrão daquela organização?

Como é que a estrutura funciona? Será que a equipe ministerial exerce controle total sobre o funcionamento ou essa responsabilidade é dos leigos? Uma das coisas que mais me atraiu à Skyline foi o fato de ser, na época (e ainda é), uma igreja dirigida pela equipe ministerial. Eu jamais aceitaria o pastorado de uma igreja em que os leigos escolhem a equipe ministerial.

Quais são os maiores problemas da organização?
Ao analisar o histórico da situação em questão, identifiquei claramente qual foi o principal problema que a organização enfrentou. Identifiquei o que senti serem as duas áreas problemáticas na história da Skyline. Uma envolvia uma época de estagnação, um certo período durante o qual a igreja não cresceu. A outra era que a equipe ministerial não exercia uma liderança muito forte. Eu costumava brincar com o pastor Butcher dizendo que, se ele tivesse trabalhado com minha equipe ministerial, a igreja teria chegado a uma freqüência de 5 mil pessoas.

Quais foram as maiores realizações?
Que qualidades se sobressaem? Percebi que o maior recurso da Skyline era o grande espírito de unidade no corpo da igreja. As pessoas tinham aprendido a trabalhar juntas. Vi que seria fácil me envolver e liderar aquela igreja por causa do amor e do carinho de uma pessoa pela outra.

Quais são os objetivos e as expectativas atuais?
É muito comum que seus objetivos e suas expectativas sejam bem diferentes daqueles que os outros têm a seu respeito. Muitas vezes, as pessoas sob sua liderança não chegaram a um consenso a respeito dos objetivos que têm para você.

Depois de o comitê designado para escolher o pastor me sabatinar durante muitas horas, os membros do grupo começaram a levar o encontro à conclusão, satisfeitos por poderem dispor de todas as informações pertinentes. Foi então que eu disse: "Esperem um minuto! Agora é minha vez de fazer algumas perguntas a vocês".

Eles já sabiam quais eram meus objetivos. Agora eu precisava saber que expectativas nutriam a meu respeito. "O que terei de fazer se vier a liderar esta igreja?", perguntei. Todos concordamos que eu deveria aparecer aos domingos com um sermão pronto. Além disso, o comitê esperava que eu ajudasse a promover o crescimento daquela igreja. Então descobri que havia muitas pessoas que contavam comigo para visitar regularmente os membros da igreja em casa. Outros queriam me ver realizando todos os casamentos e funerais. Não havia compatibilidade de todos a respeito das expectativas que tinham de mim. Eu tive de avaliar os objetivos deles e os meus, e só então decidir o que era importante.

Se você for capaz de responder a essas sete perguntas relacionadas a qualquer situação de liderança que exija tomada de decisão, está no caminho certo para fazer uma escolha sábia. Já estabeleceu um fundamento sólido e está em condições de seguir em frente.

Estágio 2: do fato

Nesse ponto do processo de tomada de decisão, você participa de uma missão de busca de fatos que o ajudem a analisar melhor a situação e vê-la como realmente é. Há três perguntas fundamentais a se fazer nesse estágio:

O que preciso saber?

Antes de pastorear a Skyline, precisei saber qual era a descrição de meu cargo. Tinha de saber exatamente pelo que eu era responsável e a quem deveria prestar contas. Era preciso conhecer qual seria meu salário e quais benefícios teria. São os fatos frios e complicados que envolvem um emprego.

O que sei?
Depois de chegar à conclusão a respeito dos fatos que você precisa conhecer, refaça mentalmente as perguntas às quais já havia respondido.

O que não sei?
Em meu caso, eu sabia o que o comitê esperava de mim. Sabia quanto iriam me pagar. Sabia que estavam me apoiando. Não sabia, porém, se a congregação me aceitaria com rapidez ou não. Não sabia onde passaria a morar nem a que horas meus filhos iriam para a escola. Pode ser bem difícil tomar uma decisão quando não se dispõe de todos os fatos.

A partir do momento que essas três perguntas estão respondidas de modo satisfatório, você está em condições de tomar uma decisão. Então, faça isso. Nesse momento, muita gente começa a sofrer daquela síndrome do "e se...". Gente assim dificilmente toma decisões importantes. O que essas pessoas precisam, mais do que respostas, é de um bom empurrão.

Estágio 3: das reações

Nessa fase do processo, você pode se ver diante de reações muito fortes. As pessoas podem tanto confirmar a sua decisão quanto questionar sua sabedoria. Trata-se de um momento crucial, pois é nele que as emoções entram em jogo. Você ouvirá comentários do tipo: "Sempre foi dessa maneira que fizemos isso"; ou: "Mas o meu avô ajudou a construir essa igreja". Não se surpreenda por sentir calor depois de acender uma fogueira.

Aqui, o segredo é desenvolver um "círculo de confiança". Em meu caso, meu círculo de confiança era a equipe ministerial. Seu círculo de confiança deve ser composto de pessoas bastante envolvidas em seu projeto, gente inteligente, positiva e que não se intimida com qualquer coisa.

Como você determina o tipo de retorno que merece ser levado em consideração? Permita-me apresentar seis fatores que devem servir de critério:

O conhecimento do assunto

Obviamente, trata-se de um fator crítico. Se, por exemplo, preciso tomar uma decisão que envolve o departamento de música, é muito maior a probabilidade de eu ter de ouvir os membros de nossa equipe de adoração musical do que o auditor financeiro.

Habilidade

A pessoa não deve apenas conhecer o assunto em questão — ele ou ela deve ser bom naquilo. Nosso auditor pode até ter algum conhecimento no campo da música, mas ele não conseguirá cantar tão bem quanto um especialista.

Experiência

É claro que estamos falando de experiências de sucesso. Não há substituto para a experiência quando se trata de avaliar o conhecimento de uma pessoa sobre determinada área. Estou sempre pronto para ouvir alguém que já tenha passado por alguma experiência pela qual ainda não tive a oportunidade de passar.

Responsabilidade

Alguém que tenha assumido a responsabilidade de fazer um plano ser cumprido com sucesso certamente será mais digno de credibilidade do que um novato.

Força de vontade

Trata-se de algo intuitivo, mas quando alguém tem força de vontade em relação a uma idéia, ela se transforma em realidade. Adoro gente de convicção. Se uma pessoa está disposta a assumir riscos, então contará com minha atenção total.

Princípios

Será que conheço bem uma pessoa a ponto de saber se ela vive segundo os mesmos princípios que eu? Se os princípios dessa pessoa agridem os meus, ela não está apta a participar de meu círculo de confiança.

Se encontro uma pessoa que preenche esses seis requisitos, então dedico a ela minha atenção. Se algum membro da equipe ministerial vem ao meu escritório para me convencer de um projeto e passa pelos seis testes, é bem possível que eu me envolva naquela idéia.

O estágio do retorno é crucial no processo de tomada de decisões. Se não dedicarmos tempo suficiente a ele, corremos o risco de tomar a decisão errada. Se ficarmos tempo demais presos a esse estágio, pode ser que nunca tomemos uma decisão. Na verdade, a maior dificuldade não consiste em saber qual é a decisão certa, mas tomá-la efetivamente. Depois de conhecer os fatos, o histórico e as reações, é preciso tomar a decisão sem demora.

Estágio 4: do foco

Nesse ponto, minha atenção sai da questão: "Que decisão devo tomar?"; e vai para: "Como proceder para que minha decisão dê certo?". A partir daqui, saio do círculo de confiança e vou para o círculo mais amplo. Nesse estágio, preciso me concentrar em duas preocupações:

- *Problemas:* o que pode arruinar a decisão?
- *Procedimentos:* como fazer para que a decisão seja transmitida de maneira eficiente?

Falei a respeito de como lidar com as dificuldades no capítulo 9, "Seu problema não é o seu problema". No entanto, desejo fornecer a você um esboço conciso de quatro tópicos relacionados à maneira de reagir aos problemas:

1) *Prepare-se para eles.* Não permita que os problemas o peguem de surpresa.
2) *Liste-os.* Coloque no papel todos os problemas que você sabe que pode enfrentar.
3) *Analise-os.* Analise cada problema minuciosamente e pense numa solução.
4) *Não permita que eles o surpreendam.* Se o plano A não funcionar, prepare-se para usar o plano B.

Quando começamos a lidar com as discussões sobre a compra de um terreno no qual construiríamos um novo templo, o líder do comitê responsável por esse processo escreveu à congregação, oferecendo respostas a questionamentos potenciais antes mesmo de serem levantados pelas pessoas. Estar um passo à frente de seus opositores funciona como uma espécie de inibidor às pretensões que eles possam alimentar. Analise as dificuldades potenciais antes de elas se tornarem realidade.

Uma vez tendo encarado a questão e decidido o que fazer a respeito dela, como proceder? Há cinco etapas a serem cumpridas para que uma decisão seja eficaz:

Comunicação

Alerte os outros que você está alerta.

Consideração

Permita a seu círculo mais amplo visualizar os resultados positivos de sua decisão.

Comparação

Avalie sua decisão de modo honesto. Compare os prós e os contras.

Convicção

Este é o ponto culminante do processo de tomada de decisões. É a etapa em que você chega a um consenso.

Compromisso

A partir do momento que você e seu círculo concordaram a respeito da decisão a ser tomada, todos devem oferecer apoio de modo que ela se torne uma realidade.

Estágio 5: de seguir em frente

Essa é a parte do processo de tomada de decisão da qual mais gosto: é a hora de seguir em frente. O elemento crítico desse estágio é a noção de tempo — o *timing*. Se a sua noção de tempo não for boa, todo o trabalho de preparação pode não preservar a decisão que foi tomada. Uma boa fórmula para lembrar, relacionada ao *timing*, é esta que apresento a seguir:

- Decisão errada na hora errada = Desastre.
- Decisão errada na hora certa = Erro.
- Decisão certa na hora errada = Rejeição.
- Decisão certa na hora certa = Sucesso.

Agora você já conhece os cinco estágios do processo de tomada de decisões. Não subestime o valor implícito na compreensão e na aplicação desse processo. A capacidade que um líder possui de tomar decisões e colocá-las em prática significa a diferença entre o sucesso e o fracasso. Lembre-se: o sucesso não é para uns poucos escolhidos, mas para os poucos capazes de escolher.

12

Não preciso me limitar a sobreviver

Sobreviver. Trata-se da coisa mais natural que fazemos. Nascemos com esse instinto de sobrevivência. Todos nascem lutadores. Mas esse desejo natural de sobreviver gera um conflito. Em Gálatas 2:20, Paulo diz: "Fui crucificado com Cristo". Isso não é sobrevivência. Vivemos divididos entre a ressurreição e a morte. Todo mundo deseja a ressurreição, mas a maioria de nós não quer passar pela crucificação. Esse é um grande problema na igreja, tanto entre os líderes quanto entre os leigos.

Qual é o problema?

O desejo de sobreviver nos mantém num nível de vida medíocre. Ele destrói gradativamente nossa convicção até o ponto da acomodação, quando fica quase impossível confrontá-lo. O resultado dessa mentalidade de sobrevivência na igreja é a estagnação espiritual — talvez não a morte, mas não exatamente a vida também.

Se nosso objetivo número um é a sobrevivência, deixamos de ser livres para tomar as melhores decisões. Vejo isso o tempo todo nas lideranças. As pessoas tomam decisões aceitáveis em vez de tomar as decisões certas e orientadas por Deus. Fazemos uma pesquisa a respeito do que satisfaz as pessoas em vez de seguirmos aquilo que o coração indica ser a coisa certa de fato.

Da mesma forma, se o nosso desejo se limita a sobreviver, nos sentimos estimulados a procurar justificativas para a nossa falta de eficiência. Falamos muito sobre ser fiéis quando estamos na igreja, mas raramente falamos a respeito de sermos pessoas que produzem frutos. Uma pessoa frutífera precisa morrer primeiro, mas considerando que a maioria de nós não morreu, preferimos falar sobre fidelidade. Pode ser que não realizemos muitas coisas, mas, pelo menos, seremos coerentes.

Outro efeito desse desejo de sobreviver é o enfraquecimento de nossa liberdade e nossa alegria no Senhor. É por isso que há tanta conversa na comunidade cristã hoje em dia a respeito de fadiga em vez de iniciativa. Estamos tão desesperados para sobreviver que chegamos ao nosso limite, e isso está simplesmente acabando com nossas forças emocionais e físicas.

Nosso desejo de sobreviver nos impede de obedecer a Deus de modo incondicional. Os heróis da Bíblia se caracterizavam pela obediência total. No entanto, se agimos como meros sobreviventes, ao chegarmos a certo ponto de nossa jornada com Deus no qual ficamos mais vulneráveis, deixamos de caminhar sob a luz para nos preservar.

O desejo de apenas sobreviver nos priva do poder e das bênçãos de Deus. Quando nos esforçamos para garantir a aprovação humana, isso é tudo que conseguimos obter. O que temos a perder são as riquezas que Deus pode proporcionar.

Os exemplos da Bíblia

A Bíblia fala de várias pessoas que buscavam apenas a própria sobrevivência. Por conta desse desejo de se preservar, perderam o melhor que Deus tinha reservado para elas.

Ló é um bom exemplo. Ele escolheu as terras bem abastecidas de água perto do Jordão. Optou por aquilo que considerava ser o melhor, e perdeu a família por causa dessa decisão. Ananias e

Safira retiveram para si o que era de Deus por direito, e perderam a vida por causa disso. O rei Saul queria manter o trono e o reino. Também desejava ficar com toda a glória para si.

Aqui está algo que todas essas pessoas cujo interesse era apenas o de sobreviver tinham em comum: elas perderam tudo quanto tentaram manter. Seja o que for que o sobrevivente procure agarrar com todas as forças, ele acaba perdendo. Trata-se de um evidente paradoxo ao qual Jesus se refere: "Pois quem quiser salvar a sua vida, a perderá; mas quem perder a sua vida por minha causa, este a salvará" (Lc 9:24).

Às vezes, achamos que as pessoas materialmente mais prósperas são aquelas que se apegam a seus bens com maior intensidade. O jovem rico, que se recusou a dar tudo quanto tinha para seguir Jesus, é um bom exemplo. Mas esse não é necessessariamente o caso. Se você é uma pessoa que só busca a sobrevivência, isso é resultado de sua mentalidade, não de seu cargo ou de suas posses. Os sobreviventes demonstram uma atitude do tipo: "Quero me manter vivo a qualquer custo". Qualquer pessoa pode adotar essa filosofia de vida.

Que tal Pedro, que negou Jesus? Aquela foi uma tática de sobrevivência, se é que posso dizer que já vi uma. Ele tentou salvar a própria pele. Podemos prossseguir sem parar em exemplos bíblicos de pessoas que fizeram de tudo para sobreviver. Elas pagaram um preço terrível por assumir esse tipo de mentalidade. Salomão viveu uma existência vazia; o jovem rico foi embora triste, depois de Jesus ter tentado ministrar àquele rapaz; Pedro nunca mais esqueceria do olhar de Cristo quando viu que ele havia sido infiel ao Mestre.

A Bíblia também nos fornece muitos exemplos de homens e mulheres que não se limitaram a sobreviver. Essas pessoas conseguiram realizar coisas grandiosas para Deus porque estavam dispostas a arriscar a própria vida. Vamos dar uma olhada em alguns exemplos.

Sadraque, Mesaque e Abede-Nego creram que Deus os livraria, mas se isso não acontecesse, não seria um problema. Calebe e Josué voltaram com um relatório diferente daquele apresentado pelos outros dez espiões, e isso demonstra mais uma vez que não somos necessariamente compelidos a lutar para sobreviver, mesmo estando num contexto de sobrevivência. Eles viram a mesma terra e voltaram com uma atitude do tipo: "Vamos tomar posse daquela terra!". Davi é outro que não se contentava com a mera sobrevivência. O sobrevivente teria dito o seguinte sobre o gigante Golias: "Ele é muito grande. Vai acabar comigo". Mas Davi disse: "Ele é tão grande que não tenho como errar a pedra".

Que tal Abraão oferecendo Isaque em sacrifício? Gideão não precisava apenas sobreviver; ele precisou de apenas algumas centenas de homens para combater milhares de midianitas. A viúva com suas moedinhas estava disposta a dar tudo quanto tinha. Ela não precisava se limitar à sobrevivência. Mais uma vez: não importa se você tem muito ou pouco; o que vale é quanto se propõe a entregar. Não se trata de uma posição na vida. A viúva deu todo quanto tinha. O apóstolo Paulo é um exemplo clássico de alguém que não precisava se limitar a sobreviver. Mais tarde voltaremos a falar dele.

As características das pessoas que não se limitam a sobreviver

Permita-me falar das quatro características das pessoas que não se limitam a sobreviver.

Elas têm fé em Deus, e não em si

Reconhecem o valor que há na atitude de depositar a confiança em Deus, pois sabem das limitações que possuem.

Elas são capazes de mudar pessoas, nações e gerações
Um líder disposto a seguir adiante pela fé pode ter de caminhar sozinho, mas logo terá vários seguidores. Juntos, eles transformarão vidas. Várias dessas pessoas já mudaram o curso da história.

Elas estão dispostas a enfrentar a solidão
A pessoa que não se limita a sobreviver opta por tomar a decisão certa, mesmo que não seja a mais popular.

Elas possuem um poder incomum
Deus concede poder espiritual a essas pessoas. É isso que faz toda a diferença.

Há um grupo de pessoas que assume riscos, chamando a atenção de todos no mundo de hoje: são os terroristas. Trata-se, sem dúvida, de um exemplo negativo, mas os terroristas fornecem um exemplo bem apropriado do que acontece quando alguém deixa de viver apenas pela sobrevivência. O mundo não sabe o que fazer com os terroristas, pois eles não estão preocupados com a própria sobrevivência. Não temos nenhum poder sobre eles. Mesmo as maiores potências mundiais, como os Estados Unidos, são ineficazes contra os terroristas, pois, para eles, a vida é menos importante do que a causa. Estão dispostos a arriscar tudo.

Analise a capacidade que Israel possui de manter sua terra, embora o país esteja cercado por nações inimigas. Os israelitas sabem o que significa beirar a extinção. Eles sabem o que é confrontar a morte, e ainda assim estão dispostos a pagar qualquer preço necessário para lutar por sua liberdade. Trata-se de um povo que não se limita a sobreviver.

O povo norte-americano recebeu tantas bênçãos, e por tanto tempo, que não consegue imaginar como é viver sem elas. Não está disposto a se arriscar porque há muito em jogo. Por isso, tornou-se guardião dos bens, sobreviventes até o fim. O povo dos Estados Unidos precisa desesperadamente combater essa mentalidade.

O segredo de Paulo

Certo dia, eu estava lendo o texto de Atos 20, e acredito mesmo que descobri o segredo da vida do apóstolo Paulo. Por que aquele homem era tão eficiente na promoção da glória de Deus? No caminho para Jerusalém, Paulo se encontrou com os anciãos efésios, e relembrou com eles parte daquilo que havia ministrado.

> Vocês sabem que não deixei de pregar-lhes nada que fosse proveitoso, mas ensinei-lhes tudo publicamente e de casa em casa [...] Agora, compelido pelo Espírito, estou indo para Jerusalém, sem saber o que me acontecerá ali.
>
> Atos 20:20,22

Paulo não voltou atrás em sua mensagem. Ele não sabia o que estava para lhe acontecer, a não ser que seria algo muito ruim. Ele prossegue e diz: "... nem considero a minha vida de valor algum para mim mesmo" (v. 24). Trata-se de uma declaração digna de pessoas que vivem sob a filosofia: "Não preciso me limitar a sobreviver". O que importava ao apóstolo Paulo era completar a obra que Deus tinha para a vida dele. E ele acrescenta, no versículo 25: "Agora sei que nenhum de vocês [...] verá novamente a minha face".

Não é de admirar que Paulo fosse um agente de mudanças tão poderoso no tempo da igreja primitiva. Também não espanta vê-lo disposto a confrontar o conselho de Jerusalém e dizer que o evangelho era para os gentios tanto quanto era para os judeus. Não admira o fato de Paulo se dispor a ser o primeiro missionário. O apóstolo não precisava se limitar a sobreviver. Ninguém poderia detê-lo.

Aqueles que não gostaram de algumas de suas declarações diante do conselho não seriam capazes de demiti-lo; Paulo não tinha nenhum cargo a perder. Os que desejavam que o apóstolo parasse de pregar poderiam até jogar pedras contra ele, mas isso já tinha acontecido antes, e nem assim Paulo deixou de pregar. Ele considerava um privilégio sofrer por Jesus.

As pessoas poderiam ameaçá-lo de prisão, mas Paulo ria e dizia: "Qual prisão? Será que podem me levar para Roma? Eu estava testemunhando lá da última vez que me prenderam. Talvez eu possa ajudar a conduzir aquele homem a Deus dessa vez". Ou então, poderiam ameaçá-lo de morte: "Ah, é? Pois sabe que estou na maior dúvida por dentro? Não sei se devo ficar com os santos aqui na terra ou comparecer diante do Senhor. Se vocês decidirem acabar com minha vida, meu dilema estará resolvido".

O que poderia ser feito com o apóstolo Paulo? Absolutamente nada! Por que Paulo escolheu viver esse tipo de vida? Para que pudesse ser uma pessoa independente? Para ganhar autoridade e poder? Não. Ele queria ser crucificado com Cristo, sabendo que, em si, não tinha poder algum para pregar o evangelho. Esse também deveria ser nosso alvo mais elevado. Somente quando morremos para o mundo é que vivemos para Cristo.

O problema da segurança

Uma das áreas que teremos de confrontar é a nossa insegurança. Pessoas inseguras são sobreviventes. Elas não estão dispostas a assumir riscos, especialmente os que oferecem alguma ameaça à vida. Precisam sempre de uma segunda opinião; dependem de um plano B para viver. Enfrentam um problema terrível com o fracasso. Possuem a tendência de confiar em coisas, em vez de confiar em Deus. A pessoa que não se limita a sobreviver diz: "Vou parar por aqui. Não há nada mais que eu possa fazer. Só Deus e mais nada". O sobrevivente afirma: "Bem, é com Deus, mas caso ele não resolva, tenho outras quatro opções, por isso não vou me arriscar". Em 1Coríntios 4:1,3-4, Paulo escreve:

> Portanto, que todos nos considerem como servos de Cristo [...] Pouco me importa ser julgado por vocês ou por qualquer tribunal humano; de fato, nem eu julgo a mim mesmo. Embora em nada minha consciência me acuse, nem por isso justifico a mim mesmo; o Senhor é quem me julga.

Paulo não está dizendo que não se submeterá à autoridade; está dizendo que sua segurança não depende das decisões humanas. Ele está declarando o seguinte: "Eu presto contas a Deus".

O que aconteceria se os líderes de igrejas se transformassem em profetas, em vez de marionetes? O que aconteceria se todos nos tornássemos pessoas seguras de si, que esperam ouvir a voz de Deus, e não gente insegura que entra em pânico, esperando ouvir a voz de outras pessoas? Isso não quer dizer que elas não importam, mas se você for capaz de sentir segurança em Deus, conquistará uma liberdade que as pessoas nunca conseguirão proporcionar.

Fui criado em uma denominação na qual o melhor que poderia acontecer com um pastor era conseguir a unanimidade de uma igreja. Quando os pastores se reuniam para a conferência regional, só falavam a respeito das votações que haviam recebido. Nunca esquecerei meu primeiro voto pastoral. O resultado foi 31 "sim", um "não" e um voto em branco. Lembro-me de, aos 22 anos, pegar o telefone, tomado de pânico, e ligar para meu pai, perguntando:

— Pai, o que o senhor acha? Devo ou não ficar nessa igreja?

— Como foi a sua votação? — ele perguntou.

— Foram 31 pessoas dizendo "sim", uma dizendo "não" e uma não disse absolutamente nada. Será Deus me dizendo que está na hora de passar para outra?

Meu pai deu uma gargalhada e disse:

— John, foi uma excelente votação. Pare de se preocupar com isso! Siga em frente!

Aquela foi, provavelmente, a melhor votação que jamais tive em minha carreira. Se meu objetivo fosse o de manter todos os membros da congregação felizes o tempo todo, seria obrigado a abandonar minhas convicções com freqüência, mas seria mais do que provável que eu conquistasse uma votação unânime. Há momentos nos quais, na condição de pastor, você precisa ouvir a voz do povo; pode ser a voz de Deus também. Mas não é bom se guiar pela opinião das pessoas. Seu senso de segurança deve ser baseado na aprovação de Deus, não na aprovação humana.

O problema do sucesso

Outro problema que devemos enfrentar se desejamos desenvolver uma atitude do tipo "não me limito a sobreviver" diz respeito ao sucesso. Se já tivermos alcançado algum sucesso, seremos tentados a mantê-lo, a querer que as pessoas continuem nos achando muito maravilhosos. Por isso, assumimos poucos riscos. Nos tornamos uma fortaleza, em vez de um exército em movimento. Construímos cercas e muros à nossa volta, de modo que ninguém possa penetrar em nossa vida para destruir aquilo que é tão precioso para nós.

Paulo fala sobre o problema do sucesso em 1Coríntios 1:27-29: "Mas Deus escolheu o que para o mundo é loucura [...] é fraqueza [...] é insignificante, desprezado e o que nada é [...] a fim de que ninguém se vanglorie diante dele". No capítulo 2, ele escreve que, quando foi a Corinto, optou por fazê-lo em fraqueza, em temor e tremor, não usando palavras persuasivas, mas demonstrando o poder do Espírito (2Co 2:1-4).

Uma das coisas que o apóstolo diz nessa passagem das Escrituras é que temos uma opção. Embora fosse sábio e brilhante, Paulo escolheu ir a Corinto em fraqueza e temor. O apóstolo poderia demonstrar-lhes sua inteligência, falando em vários idiomas. Também poderia impressioná-los com a riqueza de seu conhecimento e a amplitude de sua experiência. Mas decidiu guardar tudo isso na estante e entrar na cidade falando sobre a cruz de Jesus Cristo. Ele optou por chegar em simplicidade, não em profundidade; em humildade, não em arrogância.

Uma das experiências mais importantes de minha vida aconteceu há anos, quando fui orador numa grande conferência de jovens. Durante seis meses, eu disse à diretoria da igreja que deveria orar por mim. Tinha certeza de que aquela participação na conferência afetaria a vida de muitas pessoas. Os organizadores queriam que mil jovens fossem à frente e respondessem ao chamado para um ministério de tempo integral, por isso senti que tinha uma grande responsabilidade.

Preparei-me e orei como nunca havia feito antes. Aí, enquanto estava no hotel Ramada Inn na tarde que antecedia o evento, senti que Deus estava me dizendo: "Ei, John, a propósito, não vou querer usar a sua mensagem esta noite". Não costumo me aborrecer com freqüência, mas, de repente, me dei conta de que haveria 7 mil pessoas me ouvindo, e Deus estava dizendo que não usaria a mensagem elaborada por mim. Eu havia trabalhado muito tempo nela. Era uma palavra capaz de mexer com a alma das pessoas, e aqueles jovens tinham de ouvi-la! Mas Deus disse: "Nada disso, John. Preste atenção no que estou dizendo".

O melhor a fazer seria entrar num avião e voltar para casa. Mas continuei ali, confiando que Deus tinha um plano melhor. Ele estava tentando me mostrar como o sucesso daquela noite não dependeria de mim, mas dele. Deus me orientou a ler a passagem de 1Coríntios e falar aos garotos que o Senhor atuaria com poder naquele culto porque as pessoas estavam orando por aquilo. Tudo quanto Deus queria que eu fizesse era ler as Escrituras, orar e fazer o convite.

Mas não foi isso o que fiz. Li a passagem bíblica e depois pensei: "Bem, acho que ajudaria um pouco se eu usasse três ou quatro grandes ilustrações", pois acreditava que Deus precisava de mim para livrá-lo daquele problema terrível. Contei a primeira ilustração, mas foi um fracasso. Esqueci a segunda, até que, por fim, eu disse apenas: "Vamos curvar nossas frontes". Uma paz maravilhosa veio sobre mim quando comecei a fazer aquilo que Deus tinha dito desde o início. Cerca de 1500 jovens foram à frente para dizer: "O Senhor me chamou para pregar".

Serei bem honesto: quando eles se quebrantaram naquela noite, fiquei tão feliz quanto triste. Estava feliz por aquilo que Deus estava fazendo, mas também estava triste porque o Senhor não me havia usado. O Senhor estava me ensinando a parar de me preocupar com minha reputação e com meu sucesso. Estava me dizendo que, se pretendo ser uma pessoa de sucesso em sua obra, ele precisa contar com minha capacidade de ouvi-lo, e não com minha capacidade de pregar.

Se você está disputando uma corrida por sua reputação, precisa diminuir a velocidade e sair da pista. Gostaria de sugerir cinco cursos de ação que podem ajudar você com isso.

Não se leve muito a sério

Estamos o tempo todo preocupados com o que os outros pensam a nosso respeito, especialmente as pessoas que estão disputando a mesma corrida. Quando começamos a levar Deus a sério, aí nos tornamos menos importantes. Somos capazes de rir de nós mesmos.

Crie um ambiente de aceitação total

Devemos criar um clima no qual aceitamos uns aos outros apenas pelo fato de sermos irmãos e irmãs no Senhor Jesus Cristo.

Tema a Deus mais do que aos seres humanos

Conseguiremos nos livrar dessa síndrome do sucesso e dessa corrida pela reputação quando começarmos a reconhecer a fragilidade, a humanidade das pessoas e a grandiosidade de Deus. Passaremos ao desejo de agradar ao Senhor acima de qualquer coisa.

Transforme as realizações em desafios

É comum descansarmos sobre os louros de nossas realizações e não enfrentarmos nenhum outro desafio. Temos muita coisa a perder. O que devemos fazer é usar essas realizações como tijolos na construção do reino de Deus, e não pedestais para descansar sobre eles.

Abra espaço para os inovadores e os emprendedores

Precisamos abrir espaço para as pessoas que não cabem no molde do mundo — gente ousada a ponto de se arriscar a fracassar. Temos de fazer parte da torcida dessas pessoas.

O problema da satisfação

Em Apocalipse 3:15-17, vemos que a igreja de Laodicéia tinha um problema relacionado à satisfação. Deus disse:

> Conheço as suas obras, sei que você não é frio nem quente. Melhor seria que você fosse frio ou quente! Assim, porque você

> é morno, não é frio nem quente, estou a ponto de vomitá-lo da minha boca. Você diz: "Estou rico, adquiri riquezas e não preciso de nada". Não reconhece, porém, que é miserável, digno de compaixão, pobre, cego, e que está nu.

Quando estamos satisfeitos, perdemos a compaixão necessária para alcançar os outros. É complicado se importar com o próximo quando não se compreende a necessidade dele. Quando estamos satisfeitos, é difícil ajudar as pessoas famintas. É por esse motivo que os cristãos que passam muito tempo dentro da igreja perdem a compaixão e o desejo de alcançar outras pessoas. Eles se esqueceram do que significa viver do lado de fora. Isolaram-se dos que precisam ouvir a mensagem do evangelho, os mesmos que ainda passam por necessidade e sofrimento. Não convivem mais com a multidão. Infelizmente, trata-se de um problema real na comunidade cristã. O desejo por satisfação tomou conta da igreja. Temos aquilo de que precisamos e estamos felizes.

Quais são algumas das características das pessoas que vivem num estado de satisfação? Primeiro, não se dispõem a pagar o preço. São incapazes de tomar as decisões certas. Mostre-me uma pessoa ou uma igreja satisfeita e eu lhe mostrarei uma pessoa ou igreja que não consegue tomar as decisões mais corretas porque são as mais difíceis, e as decisões difíceis pressupõem algum custo pessoal.

As pessoas que vivem nesse ambiente de necessidade de satisfação estão mais preocupadas em manter suas posses do que em satisfazer as necessidades daquelas que as cercam. São dominadas por uma mentalidade de manutenção da situação. Tudo o que desejam é continuar trabalhando pela própria felicidade. O compromisso que têm com a igreja não tem relação nenhuma com a Grande Comissão. Só querem banheiros limpos, belos boletins e participação regular nas ceias. Vejo isso nas denominações que têm programações capazes de agradar a todo mundo; que tomam decisões aceitas por todos; que fazem planos dos quais todo mundo gosta; e cujos progressos ninguém consegue ver.

O problema do egoísmo

Outro problema com o qual devemos lidar se queremos desenvolver uma atitude do tipo "não me limito a sobreviver" é o egoísmo. Uma das razões de as pessoas desejarem sobreviver é que elas querem ser capazes de resguardar seus direitos. Mas se nossa intenção é ser como Jesus, devemos abrir mão desses direitos. Veja o que Paulo escreveu em Filipenses 2:5-9:

> Seja a atitude de vocês a mesma de Cristo Jesus, que, embora sendo Deus, não considerou que o ser igual a Deus era algo a que devia apegar-se; mas esvaziou-se a si mesmo, vindo a ser servo, tornando-se semelhante aos homens. E, sendo encontrado em forma humana, humilhou-se a si mesmo e foi obediente até a morte, e morte de cruz! Por isso Deus o exaltou à mais alta posição e lhe deu o nome que está acima de todo nome.

Estou sempre me impressionando quando penso na vida de Jesus. Ele é o exemplo definitivo de pessoa que não precisa se limitar a sobreviver. Usava roupas comuns, como nós usamos; tinha as mesmas necessidades básicas que temos; e, sem dúvida, houve momentos em sua vida quando ele pensou em como fazer para sobreviver. A questão da sobrevivência surgiu diante dele bem no começo do ministério, quando Jesus foi para o deserto e jejuou por quarenta dias. Satanás chegou para tentá-lo, para instigá-lo a sobreviver. Ofereceu pão para o corpo, o trono de um reino terreno e o mundo curvando-se diante dele. Satanás estava tentando fazer Jesus passar a viver apenas pela sobrevivência.

Foi antes de iniciar seu grande ministério que Jesus foi confrontado com a questão da sobrevivência. Satanás usará as mesmas táticas com você. Antes que possa realizar qualquer coisa grandiosa para Deus, posso garantir que a questão da sobrevivência surgirá em sua vida.

Jesus falou algumas coisas muito importantes a respeito de si no Evangelho de João:

> ... o Filho não pode fazer nada de si mesmo; só pode fazer o que vê o Pai fazer...
>
> 5:19

> ... meu julgamento é justo, pois não procuro agradar a mim mesmo, mas àquele que me enviou.
>
> 5:30

> Eu não aceito glória dos homens...
>
> 5:41

> ... desci dos céus, não para fazer a minha vontade, mas para fazer a vontade daquele que me enviou.
>
> 6:38

> O meu ensino não é de mim mesmo. Vem daquele que me enviou.
>
> 7:16

> Eu não estou aqui por mim mesmo, mas aquele que me enviou é verdadeiro.
>
> 7:28

> Quando vocês levantarem o Filho do homem, saberão que Eu Sou, e que nada faço de mim mesmo, mas falo exatamente o que o Pai me ensinou.
>
> 8:28

> ... não falei por mim mesmo, mas o Pai que me enviou me ordenou o que dizer e o que falar.
>
> 12:49

> As palavras que eu lhes digo não são apenas minhas. Ao contrário, o Pai, que vive em mim, está realizando a sua obra.
>
> 14:10

Reparou nas vezes em que Jesus usa "não"? "Não as minhas palavras, não o meu ensino, não o meu julgamento, não as minhas obras, mas as palavras, o ensino, o julgamento, as obras e as palavras do Pai. Não eu, mas o Pai. Não a minha glória, mas a glória do Pai".

Até que ponto Jesus era capaz de enfrentar as pressões de seu ministério? Até que ponto era capaz de ministrar a um grupo tão diverso quanto aquele formado por seus discípulos? Até que ponto era capaz de ser paciente com eles? Até que ponto era capaz de enfrentar as pressões de uma multidão que desejava colocar uma coroa terrena sobre sua cabeça? Até que ponto era capaz de fugir de toda aquela pressão para orar?

Aqui está a razão: Jesus não precisava se limitar à sobrevivência. Se pretendo ser como Jesus, também preciso abrir mão de todos os meus direitos. Isso também vale para você. O primeiro passo para se tornar uma pessoa *sem reputação*, capaz de desistir de seus direitos, é compreender de maneira clara que tudo quanto somos e tudo quanto podemos um dia sonhar ser só pode acontecer em função do poder e da graça do Senhor Jesus Cristo. Seria o caso de precisarmos de uma missão maior que nós, de um propósito que ultrapasse nossa visão limitada?

Morrendo por uma causa maior

Na primeira parte do século XV, uma camponesa da França chamada Joana D'Arc foi convocada para salvar seu país dos inimigos. Sua espada sagrada, seu estandarte consagrado e sua fé na missão que tinha ajudaram aquela mulher a banir os exércitos que apareceram na sua frente. Ela contagiou o exército francês com um sentimento de entusiasmo de uma maneira que nenhum rei, estadista ou presidente jamais poderia fazer. Certa ocasião, ela disse para um de seus generais:

— Liderarei os homens para além dos muros.

— Nenhum homem a seguirá — ele respondeu.

— Não olharei para trás para ver se eles estão me seguindo.

Foi esse tipo de compromisso que fez de Joana D'Arc uma heroína nacional na França. Ela foi bem-sucedida em livrar seu país dos inimigos ingleses, mas acabou caindo nas mãos dos rivais. Conforme era consumida pelo fogo, aquela jovem de apenas dezenove anos teve a chance de se retratar. Ela teve a oportunidade de trair seu país e receber a liberdade. Mas optou pela fogueira e, a caminho da morte, fez esta declaração:

> Todo homem dedica a vida àquilo em que acredita, e toda mulher dedica a vida àquilo em que acredita. Às vezes, as pessoas acreditam em pouca coisa ou em nada, e ainda assim dedicam a vida àquele pouco ou a nada. Uma vida é tudo de que dispomos. Nós a vivemos, e ela se vai. Mas [...] viver sem fé é mais terrível do que a morte, e mais terrível ainda do que morrer jovem.

Joana D'Arc tinha um propósito além da própria vida, por isso não precisava se limitar a sobreviver. Permita-me mostrar as três características das pessoas dispostas a morrer por uma causa maior do que elas mesmas.

Um propósito compensa o sacrifício

As pessoas que não precisam se limitar a sobreviver possuem um propósito que compensa o custo pessoal.

Uma visão maior que a vida

Elas possuem a capacidade de ver além de seus horizontes. Estão dispostas a fazer um sacrifício que sabem ser capaz de influenciar as futuras gerações.

Um poder maior que o delas

As pessoas que não precisam se limitar a sobreviver não são limitadas por suas fraquezas. Elas são dotadas de um poder concedido por Deus. O propósito delas é o propósito de Deus. A visão que possuem é a visão de Deus. O poder que levam em si é o poder de Deus. O Espírito do Senhor que habita nelas faz toda a diferença.

13

O segredo é o compromisso

Em meados da década de 1970, passei por um grande período de tomada de decisões. Estava diante de escolhas que determinariam o curso de minha vida e a eficácia de meu ministério. Durante um ano, naquela época, carreguei em meu bolso um cartão, que lia repetidas vezes. Se, depois de tomar uma decisão, eu vacilava, então lia o que estava escrito nele. Li aquele texto centenas de vezes. Por ser o compromisso o segredo do sucesso, quero começar este capítulo com as palavras que me ajudaram nessa área:

> Enquanto não há compromisso, há uma indecisão, uma chance de voltar atrás. Mas a partir do momento que me comprometo em definitivo, então Deus também se mobiliza, e uma série de eventos tem início. Todos os tipos de incidentes, imprevistos, encontros, pessoas e assistência material que eu jamais sonhara ter diante de mim começam a aparecer — a partir do momento que assumo um compromisso.

Os melhores dias de sua vida são aqueles em que você sente que seu nível de compromisso está no grau mais elevado. Seus melhores dias não são os de ócio. Seus melhores dias não são nem as oportunidades que tem de estar com os amigos mais chegados. Quando alguma coisa conquista e conduz você a assumir um alto nível de compromisso com ela, então significa que está vivendo os melhores dias de sua vida. Podem ser dias de luta; podem ser dias de sofrimento; podem ser dias de grandes batalhas. Mas serão seus melhores dias.

Se eu pudesse escolher apenas uma palavra para descrever o que é assumir um compromisso, acho que escolheria a palavra "solidão". Quando alguém se envolve muito em determinada causa, o mundo não compreende. E aí essa pessoa conhece a solidão. Acompanhar a multidão é humano; estar só é divino. É humano seguir as pessoas, acompanhar a maré; é divino seguir princípios, lutar contra a maré.

É natural fazer concessões à moda social e religiosa em nome das vantagens e do prazer que proporcionam; é divino sacrificá-la no altar da verdade e da beleza. "... ninguém apareceu para me apoiar; todos me abandonaram" (2Tm 4:16). Essas foram as palavras do apóstolo Paulo, homem calejado em batalhas, ao descrever seu primeiro encontro com Nero para prestar contas sobre sua vida. A verdade saiu de moda desde que o ser humano trocou suas vestes de luz perene por uma peça de folhas desbotadas. Pense nisso por alguns momentos.

Noé construiu a arca e viajou praticamente sozinho, a não ser por sua família. Abraão era um andarilho que louvava a Deus em solidão. Daniel jantava e orava sozinho. Elias sacrificou e deu testemunho sozinho. Jeremias profetizou e chorou em solidão. Jesus amou e morreu sozinho. Em sua jornada solitária, Jesus disse aos discípulos: "Como é estreita a porta, e apertado o caminho que leva à vida! São poucos os que a encontram" (Mt 7:14).

Eu, Margaret e nossos filhos fizemos uma viagem de férias, há alguns anos, para a Costa Leste. Era um passeio para conhecer os lugares que faziam parte da história da fundação e da formação dos Estados Unidos. O que me impactou foi ver que em cada local histórico que visitamos havia um monumento erigido em homenagem ao compromisso de determinada pessoa. Fomos à cidade de Nova York e vimos a Estátua da Liberdade. Ali, na ilha Ellis, ergue-se aquela dama com sua tocha, a primeira coisa que tantos imigrantes viram ao chegar ao país.

Ouvi o que o guia falou sobre o que acontecia aos imigrantes quando desembarcavam na ilha Ellis. Eles nutriam grandes esperanças nos Estados Unidos, mesmo sem saber o idioma e sem conhecer uma pessoa sequer. Às vezes, ficavam detidos naquela pequena ilha durante semanas ou meses. Alguns morreram por lá, mas muitos foram para a cidade e trabalharam duro para conseguir um lugar para ficar. Isso é compromisso.

Em seguida, pegamos um trem para a Filadélfia, uma cidade rica em história. Quando sentamos na Sala da Constituição, onde a declaração de independência foi assinada, percebi o alto nível de compromisso assumido pelos fundadores do país. Ao assinar seus nomes naquele documento, aqueles homens prósperos estavam colocando em risco suas vidas e tudo quanto possuíam. Também visitamos os túmulos de vários signatários, muitos dos quais morreram na miséria.

Seguimos para Williamsburgh, na Virginia, onde Patrick Henry deu início à sua liderança. Ele foi o primeiro governante norte-americano dali, o homem que afirmou: "Dê-me a liberdade ou a morte".

Vimos dois dos monumentos mais impressionantes em Washington D. C. — o monumento a Washington e o Lincoln Memorial. Ambos foram construídos para homenagear os presidentes que enfrentaram as maiores batalhas. Um enfrentou a batalha de formar o país, enquanto o outro enfrentou a batalha de manter a nação. Todos são monumentos ao compromisso.

As reações do mundo ao compromisso

Nas Escrituras, Deus nos oferece muitos ótimos exemplos de homens e mulheres que assumiram compromissos, como Sadraque, Mesaque e Abede-Nego, entre outros. O rei Nabucodonosor, da Babilônia, havia levado o povo de Israel cativo, e separou alguns dos jovens hebreus mais promissores para serem treinados no serviço da corte. É claro que o mais conhecido era Daniel, mas vamos ver, de modo especial, a vida de seus três amigos.

Nabucodonosor construiu um ídolo de ouro e orientou seu povo a se curvar e a reverenciá-lo ao som de determinada música. Parecia que todos estavam cooperando, até que alguns caldeus compareceram diante do rei com um relatório que o aborreceu: "Mas há alguns judeus que nomeaste para administrar a província da Babilônia, Sadraque, Mesaque e Abede-Nego, que não te dão ouvidos, ó rei. Não prestam culto aos teus deuses nem adoram a imagem de ouro que mandaste erguer" (Dn 3:12).

O mundo reage das mais diversas maneiras às pessoas que se comprometem com uma causa. A primeira reação é revelada nesse trecho das Escrituras: o mundo percebe nosso compromisso. Aqueles três rapazes realmente se mantiveram firmes.

"Furioso, Nabucodonosor mandou chamar Sadraque, Mesaque e Abede-Nego. E assim que eles foram conduzidos à presença do rei..." (v. 13). A segunda reação é esta: o mundo ficará incomodado com nosso compromisso. Era evidente que Nabucodonosor estava zangado. Ele chegou a ficar furioso. Não conseguia lidar com quem pensasse de maneira diferente dele, que pudesse crer em algo diferente daquilo que ele cria ou fizesse alguma coisa diferente do que ele fazia.

"Nabucodonosor lhes disse: 'É verdade, Sadraque, Mesaque e Abede-Nego, que vocês não prestam culto aos meus deuses nem adoram a imagem de ouro que mandei erguer?'" (v. 14). Esse versículo nos mostra a reação seguinte: o mundo questionará nosso compromisso. Nabucodonosor tinha de averiguar o que estava acontecendo; não conseguia acreditar que aqueles rapazes tivessem tanta determinação.

Em seguida, Nabucodonosor disse que lhes daria uma nova chance de se curvar diante da imagem: "Mas, se não a adorarem, serão imediatamente atirados numa fornalha em chamas. E que deus poderá livrá-los das minhas mãos?". A quarta reação é a seguinte: o mundo colocará nosso compromisso à prova.

Quando aqueles três rapazes judeus compareceram diante do rei naquele dia, posso imaginar muitas coisas que teriam passado pela mente deles. É provável que tenham se perguntado coisas assim: "Será que Deus pode mesmo nos livrar?"; "Qual seria o problema se nos curvássemos apenas uma vezinha?". Sempre pensei que aquela seria uma hora bastante conveniente para eles amarrarem o cadarço dos sapatos, e assim se curvariam não para adorar o ídolo, é claro, mas para ajustar o calçado.

Quando chegamos a uma encruzilhada desse tipo, a força de nosso compromisso é colocada à prova. A escolha não será fácil, pois é tudo ou nada. É possível que tenhamos de arriscar nossa segurança, nossa identidade e nossa popularidade. Não será uma decisão confortável.

Características da encruzilhada

Quando estou numa encruzilhada em função de um compromisso assumido, preciso tomar uma decisão pessoal. *Outras* pessoas podem se importar comigo; podem orar; podem oferecer conselhos; mas a decisão será somente minha. Sou a pessoa que terá de viver com os resultados daquela decisão e responder por ela. Sadraque, Mesaque e Abede-Nego continuaram juntos, mas cada um teve de tomar a própria decisão a partir do compromisso assumido individualmente.

Uma segunda característica do compromisso que nos coloca numa encruzilhada é que *a decisão sempre pressupõe algum custo pessoal.* Não existe essa história de "compromisso livre". Naquela situação, o compromisso poderia ter custado a vida daqueles hebreus. Seu compromisso pode não ser tão dispendioso, mas vai demandar algum custo pessoal. Pode custar uma amizade. Pode custar alguns pontos no índice de popularidade. No entanto, se não custasse nada, também não teria nenhum valor. Pode contar com esse custo pessoal.

Um terceiro aspecto que vejo nesse tipo de encruzilhada é que os outros *serão influenciados por essa decisão*. Nunca tomamos uma decisão importante sem influenciar outras pessoas. Podemos até decidir sozinhos, assim como podemos levar nosso compromisso adiante sem a ajuda dos outros, mas nunca tomamos uma decisão importante sem que outras pessoas sejam afetadas por ela. É como o efeito das ondulações provocado quando uma pedra é atirada dentro de um tanque de água. Todo o tanque é afetado.

Em quarto lugar, *a encruzilhada é o lugar onde Deus se revela a nós*. Note que Nabucodonosor perguntou àqueles rapazes: "E que deus poderá livrá-los das minhas mãos?". Até mesmo o mundo percebe que nossos compromissos só valem porque Deus intervém.

Um conceito correto de Deus

Nosso conceito a respeito de Deus em situações de crise determinará nosso grau de comprometimento. Se achamos que Deus nos abandonará, fugirá ou mudará de idéia, nunca assumiremos compromissos sólidos. Seríamos tolos se nos comprometêssemos com um deus irresponsável. No entanto, se nosso conceito de Deus nos garante que ele é confiável, constante, verdadeiro e leal, então podemos assumir esses compromissos confiadamente.

Sadraque, Mesaque e Abede-Nego foram capazes de assumir o tipo certo de compromisso porque tinham o conceito correto a respeito de Deus. Eles disseram ao rei: "Nabucodonosor, não precisamos defender-nos diante de ti. Se formos atirados na fornalha em chamas, o Deus a quem prestamos culto pode livrar-nos, e ele nos livrará das tuas mãos, ó rei" (v. 16-17). O primeiro conceito que tinham de Deus era que o Senhor é capaz.

Eles prosseguiram, dizendo: "Mas, se ele não nos livrar, saiba, ó rei, que não prestaremos culto aos teus deuses nem adoraremos a imagem de ouro que mandaste erguer" (v. 18). Eles compreenderam uma realidade: Deus espera que façamos sempre a coisa certa, sejam quais forem as conseqüências. Se nosso conceito a respeito de Deus contemplar esses dois aspectos, então seremos capazes de manter um vínculo forte com nossos compromissos.

Se passarmos a ver nosso Deus como alguém que espera que façamos a coisa certa, independentemente das conseqüências, não vacilaremos. Repetidas vezes, Deus derramará cura, libertação, poder e unção sobre a nossa vida; mas isso é apenas a cobertura do bolo. Nosso conceito de Deus faz uma diferença enorme.

Os resultados do compromisso

Qual foi o resultado do compromisso assumido com Deus por Sadraque, Mesaque e Abede-Nego?

> Nabucodonosor ficou tão furioso com Sadraque, Mesaque e Abede-Nego, que o seu semblante mudou. Deu ordens para

> que a fornalha fosse aquecida sete vezes mais que de costume e ordenou que alguns dos soldados mais fortes do seu exército amarrassem Sadraque, Mesaque e Abede-Nego e os atirassem na fornalha em chamas. E os três homens, vestidos com seus mantos, calções, turbantes e outras roupas, foram amarrados e atirados na fornalha extraordinariamente quente. A ordem do rei era urgente e a fornalha estava tão quente que as chamas mataram os soldados que levaram Sadraque, Mesaque e Abede-Nego, e estes caíram amarrados dentro da fornalha em chamas.
>
> Daniel 3:19-23

O primeiro resultado de nosso compromisso é *sermos testados*. Acredite nisto: quando permanecemos firmes em nome de Deus, somos testados.

O segundo resultado de nosso compromisso é que *Deus será glorificado*. Quando estamos verdadeiramente comprometidos com o Senhor, ele recebe louvor. Nabucodonosor olhou para dentro da fornalha ardente e perguntou: "Não foram três os homens amarrados que nós atiramos no fogo?", pois vira quatro homens dentro da fornalha, "desamarrados e ilesos, andando pelo fogo, e o quarto se parece com um filho dos deuses". Ele mandou Sadraque, Mesaque e Abede-Nego sairem da fornalha, e foi o que eles fizeram.

Em Daniel 3:27, podemos ver que os sátrapas, os prefeitos, os governadores e os conselheiros do rei se aproximaram e cercaram os rapazes. Eles viram que o fogo não produzira nenhum efeito sobre o corpo daqueles homens. O cabelo deles estava intacto, as calças não sofreram nenhum dano e os rapazes sequer tinham cheiro de queimado. Saíram da fornalha em melhor situação do que qualquer um de nós ao entrar num restaurante e sentar na área dos não fumantes. Nabucodonosor disse:

> Louvado seja o Deus de Sadraque, Mesaque e Abede-Nego, que enviou o seu anjo e livrou os seus servos! Eles confiaram nele, desafiaram a ordem do rei, preferindo abrir mão de sua vida a prestar culto e adorar a outro deus que não fosse o seu próprio Deus. Por isso eu decreto que todo homem de qualquer povo, nação e língua que disser alguma coisa contra o Deus de Sadraque, Mesaque e Abede-Nego seja despedaçado e sua casa seja transformada em montes de entulho, pois nenhum outro deus é capaz de livrar alguém dessa maneira.
>
> Daniel 3:28-29

Como o mundo poderá conhecer a grandeza de Deus se não for por intermédio de cristãos que assumem um compromisso com o Senhor? Nosso problema não é a falta de demonstrações do poder de Deus, de milagres divinos ou da unção dos céus. O Senhor está sempre pronto a fazer a parte dele. Só está esperando por alguém que se disponha a entrar na fornalha. Ele procura por pessoas que estejam totalmente comprometidas com o reino, gente cujo propósito ultrapassa as próprias habilidades. Há uma relação entre nossa disposição de morrer por Deus e a disposição do Senhor para nos livrar.

Um terceiro resultado de nosso compromisso é que *Deus abençoará nossa vida*. O rei fez que Sadraque, Mesaque e Abede-Nego prosperassem na província da Babilônia, de acordo com Daniel 3:30.

Pessoas comuns podem causar um impacto extraordinário em seu mundo. O segredo reside na disposição de se comprometer inteiramente com a causa de Jesus Cristo. Se você parar para ler as biografias de homens notáveis, se convencerá imediatamente de duas coisas. Em primeiro lugar, que todas essas pessoas notáveis passaram por algum tipo de luta; todos os grandes homens tiveram de enfrentar uma fornalha ardente. A segunda constatação é esta: o grau de compromisso desses homens foi o que, de fato, fez deles pessoas notáveis. Não eram os mais espertos, os mais rápidos nem os que tinham a melhor educação formal; eles apenas eram mais comprometidos.

Desenvolva seu compromisso

Como podemos desenvolver nosso compromisso? Podemos depreender vários princípios a partir da história de Sadraque, Mesaque e Abede-Nego.

O compromisso costuma começar num clima de batalha

É muito raro vermos compromissos sólidos surgindo num contexto de prosperidade. Tempo desperdiçado, vida sem rumo e valores distorcidos podem até ser resultado da prosperidade, mas o compromisso não. Os três rapazes judeus eram cativos numa terra estranha, com novos costumes, novos ambientes, novos valores e prioridades diferentes. Para eles, tratava-se de um clima de batalha.

Winston Churchill alcançou feitos gloriosos durante a Segunda Guerra Mundial. Para ele, o momento decisivo era o do confronto, a hora do desafio. Depois da guerra, ele se tornou um primeiro-ministro dentro da média, mas não chegou a se destacar. Quando Churchill previu a queda da França, em 1940, afirmou:

> A batalha da França acabou. Já espero pela batalha da Grã-Bretanha, que está prestes a começar. Dessa batalha depende a sobrevivência da civilização cristã [...] Portanto, abracemos nosso dever e, assim, nos fortaleçamos com a idéia de que, se o Império Britânico e a Comunidade de Nações durarem por mil anos, as pessoas dirão que esse foi nosso momento decisivo.

Décadas depois, nove em cada dez pessoas provavelmente dirá que a hora decisiva da Grã-Bretanha aconteceu durante o período de liderança de Churchill, na época da Segunda Guerra. O compromisso costuma começar nas horas mais tenebrosas.

O compromisso não depende de habilidades ou dons

Daniel, Sadraque, Mesaque e Abede-Nego estavam entre muitos outros rapazes de boa aparência e inteligentes, selecionados para passar por treinamento especial, segundo Daniel 1:3-4. Mas gosto de pensar que eles não foram realmente escolhidos por causa dessas qualidades, e sim porque tinham um compromisso.

O compromisso é resultado de escolhas, não uma condição

As pessoas não deixam de assumir grandes compromissos porque as condições não são favoráveis. Elas assumem grandes compromissos porque optam pelo que é certo, apesar das circunstâncias. Em Daniel 1:8 lemos: "Daniel, contudo, decidiu...".

O momento mais importante para Daniel foi quando ele "decidiu". O momento mais importante para Sadraque, Mesaque e Abede-Nego foi quando decidiram servir a Deus. Foi nessa hora que Deus os ergueu. O Senhor os abençoou porque optaram pelo compromisso.

O compromisso começa com as pequenas coisas da vida

Ninguém jamais assumiu um grande compromisso sem antes assumir compromissos menores. É algo muito parecido com aprender a caminhar: ganhamos confiança a cada passo dado. Quando vemos que Deus abençoa nossos compromissos menores, começamos a confiar nele para assumir os maiores.

Não assuma hoje o compromisso de ganhar o mundo todo para Jesus. Não é razoável. Assuma o compromisso de levar apenas uma pessoa ao conhecimento de Cristo. Com a confiança que ganhará por conduzir uma vida a Cristo, você poderá fazer o mesmo por mais duas.

Sadraque, Mesaque e Abede-Nego começaram com o pé direito ao se recusarem a comer a comida do rei. Se você não é capaz de manter a firmeza e recusar a comida do rei, também não será capaz de manter a firmeza e dizer "não" ao ídolo do rei. Esse tipo de coragem não aparece de uma hora para a outra; começa com as coisas menores. Você se dá conta de que, quando recusou a comida do rei, Deus abençoou sua vida e a fez prosperar. Se o Senhor ajudou você com a questão da comida, também pode ajudar na questão do ídolo. E assim, passo a passo, começamos a construir uma fundação sob nossos pés que firma nosso caráter para podermos assumir um compromisso consistente.

Esse princípio também funciona ao contrário. Aqui reside o perigo do pecado: quando a pessoa peca uma vez, é muito mais fácil pecar de novo. É por isso que devemos manter um medo saudável da tentação e um temor adequado quanto ao pecado. O pecado derruba os muros de resistência. Ele obscurece nosso foco e, de repente, estamos fazendo coisas que não deveríamos fazer. Se você não assumiu nenhum compromisso firme ontem, o pecado alcançará você hoje.

Pense no compromisso antes que ele se torne necessário

Não seja levado pela emoção do momento, porque aí seu compromisso tende a vacilar. Tome sua decisão antes que a questão surja diante de você. A batalha é vencida antes de começar. Esse é o segredo por trás do sucesso daqueles três rapazes hebreus. Eles já sabiam o que tinham de fazer. Não ficaram na corte ouvindo música e olhando para a cara um do outro, pensando em algo para ocupar o tempo vago. Eles já haviam estabelecido um compromisso e, assim, não precisavam mais pensar na questão.

Confie em Deus

Em Daniel 3:28, depois que os hebreus foram resgatados e libertados, Nabucodonosor fez uma declaração interessante: "Louvado seja o Deus de Sadraque, Mesaque e Abede-Nego, que enviou o seu anjo e livrou os seus servos! Eles confiaram nele...". Grandes compromissos são fundamentados na confiança em Deus.

Seja sincero

Em Daniel 3:28, Nabucodonosor fez outro comentário interessante a respeito daqueles três rapazes. Eles não apenas colocaram sua confiança em Deus, como o rei afirmou que os hebreus preferiram "abrir mão de sua vida a prestar culto e adorar a outro deus que não fosse o seu próprio Deus". Eles eram sinceros em sua fé.

No livro *Choices* [Escolhas], Frederic Flach afirma:

> A maioria das pessoas pode olhar para o passado e identificar uma época e um lugar em que sua vida mudou significativamente. Seja por acidente ou por ação premeditada, esses são os momentos nos quais, por causa da disposição de nosso coração, somos forçados a nos reavaliar, assim como rever as condições sob as quais vivemos, para fazer determinadas escolhas que afetarão o resto de nossa vida.

Nunca estamos velhos demais para isso.

Há algumas pessoas lendo esse livro hoje e pensando: "Meu Deus, já estou nessa rotina há 25 anos!". Faça algumas escolhas, assuma um compromisso, um risco — é aí que nascem os frutos.

Nunca é tarde demais. Siga em frente! Não permita que a circunstância ou a idade ou qualquer outra coisa seja um obstáculo. Só você pode estabelecer limites para as suas realizações.

Em 1970, li um livro de Oswald Sanders chamado *Liderança espiritual*.[1] Aquela leitura me convenceu de que os únicos que influenciarão o mundo em nome de Deus são aqueles que se tornarem líderes e se firmarem sobre princípios que talvez o resto do mundo não consiga sustentar. Lembro-me de escrever atrás do livro que, independentemente do tamanho da congregação que eu pastoreasse e das opiniões dos outros — e ainda escrevi que não importaria a opinião de meu pai, apesar de ele ser minha maior influência e a pessoa mais importante de minha vida —, eu continuaria firme em relação a algumas coisas nas quais creio. Continuo vivendo em função daquela decisão.

Há algum tempo, li a respeito de John Wesley, meu herói favorito. Ele estava escrevendo uma carta de incentivo a um amigo chamado George, que deixaria a Inglaterra para evangelizar a nova fronteira. Ele escreveu assim: "Caro George, chegou a hora de você embarcar para a América. Deixo você à vontade naquele continente. Coloque sua marca na face do sol e faça todo o bem que puder". Gosto desta parte: "Deixo você à vontade..."

Um compromisso liberta e deixa a pessoa à vontade para realizar feitos grandiosos em nome de Deus.

[1] São Paulo: Mundo Cristão, 1997.